달라이 라마, 죽음을 말하다

｜ 일러두기

- 각주는 모두 역자주입니다.
- 이 책에 나오는 표기법은 국립국어원의 맞춤법 규정에 기초합니다. 다만 티베트 인
  명이나 지명, 불교 용어 등은 역자가 추천한 방식을 따랐습니다.
- 표지 사진 : ⓒ연합뉴스

ADVICE ON DYING

BY HIS HOLINESS THE DALAI LAMA AND JEFFREY HOPKINS, PH.D.

죽음에 대하여, '강력한 선함'을 지닌 채 살아감에 대하여

달라이 라마, 죽음을 말하다

달라이 라마 가르침 | 제프리 홉킨스 편역 | 이종복 옮김

모든 이는 죽음의 과정 속에 있다.

그러나 영원히 죽음에 머무는 이는 없다.

_티베트 속담

티베트는 인간의 마음속 깊은 곳에 대한 심원한 통찰력으로 잘 알려져 있다. 불교의 보고寶庫인 티베트는 영적인 진보를 위해 불교의 가르침을 사용하고, 보다 깊은 마음 상태를 현현하는 것을 중심으로 하여 수행하고 가르쳤던 오랜 전통을 가지고 있다. 나는 1962년 말에 뉴저지 주에 있는 티베트-몽골 사원에서 불교에 관한 공부를 처음 시작했다. 그 후, 근 5년을 사원에 머물면서 티베트어를 배웠고, 수행과 함께 불교의 다양한 주제들에 대해 공부했다.

1968년 여름, 내가 다시 사원으로 돌아왔을 때, 켄술 나왕 렉덴이라는 노년의 라마는 내게 다양한 주제들에 대한 방대한 교학 체계를 공부할 수 있도록 도움을 줬다. 그는 1959년 중국 공산당의 티베트 침공 때까지 티베트의 수도, 라사에 있는 딴뜨라 사원의 수도원장이기도 했다.

가르침을 받는 동안, 라마는 자신이 늘 지니고 다니는 책에 대해서 종종 이야기하곤 했다. 그 책은 죽음의 문제에 대해서 매우 심도 있게 다루고 있었다. 라마는 그 책이 죽음의 과정 속에서 맞닥뜨리게 되는 깊은 정신적 상태를 다루고 있으며 그 상태를 맞이하기 위해 어떤 마음을 준비해야 하는지 자세히 다루고 있기 때문에, 실제로 우리가 죽음에 다가설 때 가장 큰 힘이 될 만한 책이라고 설명했다. 덧붙여, 우리는 매일 죽음의 상태를 겪는다고도 말했다. 잘 때나 꿈에서 깨어날 때, 성희의 절정에 올랐을 때, 재채기하거나 기절해 있을 때 말이다. 나는 그의 말에 귀가 솔깃했다.

나는 책의 내용에 대한 라마의 간략한 설명에서 우리 의식의 일상적인 수준이 의식의 깊은 수위와 비교해 볼 때, 피상적인 것에 지나지 않다는 것을 알 수 있었다. 이 주제에 대해서 더 많은 공부를 하고 싶었던 나는 라마에게 그 책에 대한 가르침을 부탁했지만, 안타깝게도 기회를 다음으로 미뤄야 했다.

1971년, 나는 풀브라이트 장학금 덕택에 독일 함부르크대학에서 강의를 하는 켄술 렉덴 린뽀체의 제자와 함께 공부할 기회를 얻어 몇 달 동안 독일에 머문 적이 있다. 같이 간 티베트 학자의 친구 중 한 명이 벽장 창문 위쪽에 작은 사다리를 걸쳐 좁다란 침대를 만들고, 그 침대 아래에 작은 책상을 마련해 주었다. 마치 벽장에 들어가 앉아 있는 듯한 기분이었다.

그곳에 머물기 시작한 지 얼마 되지 않은 어느 날 밤, 나는 이상한 꿈을 꾸었다. 켄술 렉덴 린뽀체가 여섯 살 먹은 아이의 몸으로 빛을 발하며 내 꿈속에 나타났던 것이다. 그의 얼굴에는 원래 곰보자국이 많았는데, 꿈속의 나타난 모습은 곰보자국 하나 없이 깨끗하기만 했다. 라마는 내 가슴 위에 서서 "다시 돌아오마."라는 짧은 말만을 남긴 채 곧 사라졌다. 그러고 얼마 후, 나는 그가 열반에 들었다는 사실을 알게 되었다.

나는 인도로 옮겨가 1년 넘게 머물면서 두 번에 걸쳐 달라이라마 성하의 가르침을 받았다. 그동안 많은 청중 앞에서 성하와 긴 토론을 할 기회도 얻었고, 개인적인 가르침도 받을 수 있었다. 또한 달라이라마가 공성空性과 연기緣起에 관해 티베트어로 저술한 책 한 권을 번역했고, 그의 가르침을 요청하는 학생들을 위해 통역을 담당하기도 했다. 그 후, 미국으로 돌아온 나는 켄술 나왕 렉덴 라마가 예전에 언급했던, 죽음을 소재로 한 책에 대한 궁금증으로 뉴저지 주에 있는 사원으로 곧장 달려갔다. 그리고 마침내 그 책을 발견할 수 있었다.

　나는 두 라마로부터 그 책에 대한 가르침을 받을 수 있었다. 그것은 나에게 있어 매우 깊은 영향을 미친 일대 사건이었다. 그 책은 '표층의 마음'과 '심층의 마음' 모두에 대해 너무나 생생하게 기술하고 있었고, 읽는 이로 하여금 마음속 깊은 곳으로의 여행, 즉 깨달음이라는 윤회의 마지막 종착역을 상상할 수 있게 해 주었다.

　이 책이 많은 사람들에게 도움이 될 것이라고 생각한 나는 달라이라마 성하께 그 책과 같은 주제를 다루고 있는, 17세기 제1대 빤첸라마의 시에 대한 주해를 부탁드렸다(내가 읽었던 죽음에 관한 책의 저자 역시 빤첸라마의 시에 주석을 달았다). 나는 이러한 방법으로 좀 더 많은 사람들에게 깨달음을 줄 수 있는 책을 만들 수 있다고 제안했고, 달라이라마 성하 역시 나의 생각에 흔쾌히 동의해 주셨다.

　며칠 뒤, 나는 성하의 내궁으로 불려가 녹음기를 사이에 두고 그분과 마주앉았다. 그분께서는 전통에 대한 박학한 지식과 깊은 경험을 통해 이 책을 설명하시면서, 불교의 심층심리학 구조와 죽음의 과정 그리고 현재의 삶과 다음 삶 사이의 기간(중음도 中陰道)에 대해서 자세하게 설명하셨다. 그는 훌륭한 수행자들이 정신적 변화를 위해서 마음의 깊은 층위들을 어떻게 현현시키는가를 설명했다. 그는 죽음에 대해서 사색하고 명상하는 방법들이 얼마나 값진 것인지, 또 어떻게 하면 죽는 순간과 삶과 삶 사이의 중음도에서 두려움을 극복할 수 있는지 그리고 죽어 가는 다른 이들을 도울 방법은 무엇인지를 매우 설득력 있게 설명했다. 성하의 이러한 가르침이 바로 이 책의 핵심이다.

여러분에게 그날 달라이라마 성하의 가르침이 나에게 어떠한 영향을 주었는지 설명하기 위해 내가 저술한 바 있는《자비심 기르기Cultivating Compassion》의 본문 중 몇 구절을 인용하겠다.

달라이라마는 여러분이 소중하게 여기는 사람이나 물건의 본질에 대해 명상할 것을 권한다. 그리고 이 명상을 통해 공성의 경험이 대상을 부정하는 것으로 이해되는 오류를 막으라고 조언한다. 이를 통해 우리는 대상을 여전히 가치 있는 것으로 여길 것이며, 새로운 시각으로 대상을 바라볼 수 있게 되는 것이다.

인도에 있는 티베트 임시정부의 내궁에서 달라이라마의 가르침을 받는 동안, 나의 경험은 더욱 깊어졌다. 어느 늦은 오후, 나는 책상 너머로 성하를 바라보고 있었다. 성하의 등 뒤에 있는 창문을 통해 캉라 계곡으로 저물어 가는 태양이 빛나고 있었다. 우리는 죽음뿐 아니라, 모든 의식적 경험들로 이루어져 있는 깊은 마음의 단계의 심원한 현현인, 죽음의 과정에 대해 토의하고 있었다. 달라이라마는 믿을 수 없을 정도로 힘찬 어조로 말씀하셨다. 빠르면서도 명확한 티베트어 발음으로 그는 하나의 주제를 뒷받침할 수 있는 폭넓은 가르침을 전했다.

그때, 풍경은 선명한 선홍색 하늘을 가로지르는 햇살로 찬란히 빛나고 있었다. 마치 죽음에 이르렀을 때 우리가 경험하게 되는 네 가지 미세한 마음 중 둘째 단계처럼. 나는 평생 느껴 보지 못했던 아늑함을 느꼈고, 다름살라 너머에 있는 눈 덮인 산봉우리의 장엄함을 보며 감동에 휩싸였다. 산 아래쪽에 있는 내 방을 향해 걷다 문득 반대편에 펼쳐져 있는 산들을 바라보았을 때, 두 산봉우리 사이에 완벽한 원을 그리며 드리워진 무지개를 보았다. 형언할 수 없을 정도로 아름다웠다.

며칠이 지난 뒤, 나는 달라이라마와의 마지막 수업을 마치고 미국으로 돌아갈 준비를 하고 있었다. 내가 문 밖을 나서려는데, 달라이라마 성하께서 말씀하셨다. "그것은 꿈과 같습니다."

내가 물었다. "뭐라고요?"

"그것은 꿈과 같은 것이라고요." 성하께서 다시 말씀하셨다. 내 인생에서 가장 생생하고 소중한 그때, 그 순간에서조차 성하께서는 소중한 경험의 공성을 일깨워 주신 것이다. 공성은 현상을 무(無)로 만들어 버리지 않는다. 공성은 결코 효용성이나 가치와 대립되는 개념이 아니다.

: 죽음에 대한
조언의 실제적 응용

달라이라마의 가르침은 죽음의 실제적인 과정과 그에 대한 조
언으로 가득하다. 나는 그의 가르침을 통해 의식의 점진적인 붕
괴 과정에 대해 깊은 통찰력을 가질 수 있었으며 또한 많은 것
을 배웠다. 그리고 시간이 지난 후에야 이 가르침이 얼마나 유용
한지 알 수 있었다.

부모님이 플로리다에 있는 작은 겨울용 별장에 머무는 동안,
아버지가 그만 중풍으로 쓰러지셨다. 그때 아버지는 81세였다.
당시 나는 캐나다 밴쿠버에 있는 브리티시컬럼비아대학에서 교
편을 잡고 있었기 때문에, 다른 세 형제가 플로리다로 달려가는
동안 밴쿠버에 머물 수밖에 없었다. 다행히 아버지는 깨어났고
집으로 돌아갈 수 있을 정도로 회복되었다. 우리 형제들은 안도
할 수 있었다. 그 일이 있고 몇 주 뒤, 형제들이 다 돌아간 후에
야 나는 거우 아버지를 찾아 뵐 수 있었다. 하지만 불행히도 아버
지는 다시 한 번 혼수상태에 빠진 채 병원으로 급히 실려 갔다.

며칠 후, 아버지는 병상에 누운 채로 조용히 눈을 떴다. 아버
지가 우리 쪽으로 돌아누웠을 때 우리는 조심스레 말을 걸었다.

그 순간, 아버지의 눈에 어린아이 같은 장난기가 어리는가 싶더니 불쑥 이렇게 말씀하셨다.

"너희는 이 병원에서 무슨 일이 일어나는지 믿을 수 없을걸?"

나는 그 말이 무슨 뜻인지 알 수 없어서 고개를 갸웃거리다가 우연히 병상 발치에 있는 텔레비전으로 눈길을 옮겼다. 텔레비전에서는 병원을 배경으로 한 야릇한 성인용 드라마가 상영되고 있었다. 병원에서 설치한 작은 스피커가 아버지의 베개 밑에서 발견되었다. 아버지는 혼수상태에 빠져 있는 동안에도 이 모든 쇼를 듣고 있었던 것이다!

순간 달라이라마의 가르침이 생각났다. 그분의 말씀대로라면, 죽음에 임박한 사람에게 가장 소중한 것은 공덕이 있는 생각을 떠오르게 할 수 있는 누군가가 죽어 가는 이 곁에 머물며 조언해 주는 것이다. 나는 아버지께 그동안 성인용 드라마가 스피커를 통해 흘러나오고 있었다는 사실을 말씀드린 뒤, 베개 밑에 있는 스피커를 껐다.

며칠 뒤, 아버지는 상태가 악화되었고 다시 깊은 혼수상태에 빠져들었다. 어느 날 밤, 병상을 찾은 나는 병원 측에서 아버지를 다른 병실로 옮긴 것을 알았다. 새로 옮긴 병실의 텔레비전에서는 방이 떠내려갈 정도의 큰 소리로 퀴즈쇼가 방영되고 있었다. 텔레비전을 끄려고 하자 한 간호사가 그 퀴즈쇼는 옆 병상에 있는 귀가 어두운 환자가 가장 좋아하는 프로그램이라며 나를 제지했다.

몹시 불쾌했다. 나는 아버지가 누워 계신 병상 발치에서 무엇을 해야 할지 몰라 서성이고 있었다. 그때, 텔레비전에서는 바닷속에 가라앉은 배의 이름을 맞히는 퀴즈 하나가 큰 소리로 흘러나오고 있었다. 나는 옆 병상의 환자에게 이 문제를 가지고 말을 걸 심산이었다.

환자를 향해 "저 배의 이름을 아세요?"라고 고래고래 고함을 질렀다. 하지만 그가 손가락 하나 까딱하지 않는 것을 보고서야 그 역시 혼수상태에 빠져 있음을 알 수 있었다.

놀라운 것은 그때 아버지가 갑자기 병상에서 벌떡 일어나 앉더니 "안드레아 도리아호!"라고 소리쳤다는 사실이다. 아버지의 의식은 명료했으며, 무슨 일이 일어나고 있는지 너무도 정확히 알고 있었다.

텔레비전을 끄고 나서 아버지와 나는 한참 동안 즐거운 대화를 나누었다. 예전과 다름없는 쾌활한 모습이었다. 아버지는 간호사가 조심스럽게 건네주는 과자와 우유도 잘 받아 드셨다. 아버지와 한동안 잡담을 나눈 뒤, 나는 일어서면서 말했다.

"어머니께 안부 전해 드릴까요?"

그러자 아버지는 유쾌하게 답변하셨다. "당연하지!"

그 다음 날 아침, 병원에서는 어머니에게 전화를 걸어 아버지가 지난밤에 돌아가셨음을 통보했다. 돌이켜 보면 아버지가 돌아가시기 전에 정신이 돌아왔다는 사실은 얼마나 나를 안도케 했던가. 더불어 그 조용했던 텔레비전도!

병원에서는 아버지의 시신을 병실에 홀로 안치해 두었다. 나는 아버지의 몸을 방해해서는 안 된다는 사실을 상기하며 그저 조용히 곁을 지켜 드렸다. 아버지의 종교적 믿음을 대표할 만한 단어를 전혀 알 수 없었기 때문이다. 하지만 곁에 있는 것만으로도 충분히 아버지의 여행을 도울 수 있다는 것을 잘 알고 있었다.

아버지가 돌아가시고 1년 뒤, 어머니 역시 중풍으로 쓰러지셨다. 어머니는 동생 잭과 아내인 주디의 집으로 전화를 걸었다. 주디가 전화를 받았을 때, 어머니는 두렵고 머리가 아프다고 하면서 알 수 없는 말들을 횡설수설했다고 한다. 기절할 것 같다는 말을 마지막으로 어머니가 전화를 끊지 않았기 때문에, 주디는 이웃집으로 달려가 구조대에 전화를 걸어야 했다.

병원은 어머니를 죽음의 문턱에서 세 번 돌려 놓았고, 그때마다 어머니는 뭔가 이야기하려고 무진 애를 썼다. 자제력을 잃은 그녀의 몸부림을 보면서, 나는 달라이라마께서 하신 말씀을 떠올렸다. 달라이라마께서는 죽음을 맞이하는 사람에게는 공덕을 불러일으키는 마음가짐을 갖게 하는 친절한 조언이 필요하다고 말씀하셨다. 나는 어머니의 침대 곁으로 달려갔다. 어머니의 영적인 단어가 "성령聖靈"이라는 것이 기억났다.

"어머니, 저 제프예요. 이제 성령을 위한 시간이 왔어요."

그 순간, 어머니가 몸부림을 멈추며 진정하기 시작했다. 나는 부드럽게 다시 한 번 속삭였다.

"이제 성령을 위한 시간입니다."

며칠 뒤 어머니는 평화롭게 돌아가셨다.

내 친척 바비가 뇌암이라는 진단을 받았을 때, 동생 잭은 바비에게 찾아가 아직 움직일 수 있을 때 하고 싶은 것이 있다면 서슴지 말고 말해 보라고 했다. 바비는 자기의 병세에 대해 오랫동안 이야기하더니 "사촌들과 함께 둘러앉아 할아버지에 대한 이야기를 했으면 좋겠어."라고 말했다. 할아버지는 당신의 가족, 농장, 교회 그리고 자신에게 속한 모든 것을 용감하면서도 재치 있게 지켜 낸 훌륭한 분이셨다.

잭은 우리를 한자리에 불러 모았고, 열네 명의 친척이 둘러앉았다. 우리는 바비가 죽어 가고 있다는 것을 알고 있었고 그 사실을 애써 외면하지 않았다. 침울해하지도 않았다. 모두 즐겁게 이야기를 나눴고, 나는 이 장면을 비디오로 모두 녹화했다.

바비의 누이 낸시는 나에게 전화를 걸어 임종이 가까워졌을 때 자신이 할 수 있는 일이 무엇인지 물어 왔다.

"바비의 곁에서 누구도 울거나 통곡하지 않게 해 줘."

나는 이렇게 말했다.

"주변은 간소하게 만들고 텔레비전도 꺼야 해. 그리고 죽음의 과정이 시작되기 전에 사람들이 바비에게 작별인사를 할 수 있게 해 줘."

바비가 죽기 바로 전날, 가족들은 친척 모임을 녹화한 비디오테이프를 다시 한 번 시청하고는 멀리 치워 놓았다. 바비가 임종하던 날, 그는 모든 것이 간소하고 조용한 상태에서 조용히 눈을 감았다.

달라이라마께서는 죽음에 가까워졌을 때 우리가 행했던 수행이 어떤 것이든 그 수행에 대해서 상기해야 한다고 말씀하신다. 우리는 다른 이들에게 우리의 견해를 강요할 수는 없다. 또한 우리는 그들이 할 수 있는 수행보다 높은 단계의 수행법을 강요할 수도 없다. 내 친구 레이먼드는 자신이 에이즈로 죽어 가고 있다는 사실을 알았을 때, 애인과 함께 무엇을 해야만 하는지 내게 물어 왔다.

나는 부모님의 임종과 내 자신의 마비 그리고 라임병으로 죽음의 문턱을 오갔던 경험을 통해 깨달은 것이 있다.♦ 그것은 우리가 다른 이들과 의사소통을 할 수 없는 지경에 이르렀다 하더라도, 그 후로 오랫동안 강하고 명료한 내적인 삶을 가질 수 있다는 사실이다.

나는 심각한 병에 시달리고 있는 동안에도 근 30년 동안 암송해 온 만뜨라를 쉬지 않고 마음속으로 되뇌었다. 그리고 내가 다른 사람과 의사소통할 수 없을 때라도 그 만뜨라를 아주 명료하게 반복할 수 있다는 사실을 깨달았다. 이따금씩 만뜨라를 소리 내어 외워 보려 했지만 불가능한 일이었다. 비록 외부와 소

♦ 제프리 홉킨스 교수는 두 번의 임사체험을 한 바 있다. 한 번은 다름살라에서 연탄가스 중독으로 쓰러진 일이고, 다른 한 번은 위에서 말한 경우다. 홉킨스 교수는 코네티컷에서 형제들과 하이킹을 하다 진드기에 물려 라임병(기생충 감염으로 피부에 빨간 반점이 생기기 시작해 뇌수막염, 사지 마비, 근육 약화 및 죽음에까지 이름)을 앓아 식물인간 상태에서 깨어났다. 그 후 앞이 잘 보이지 않고 체력이 급감하는 등의 증세를 겪고 있다.

통하는 데에는 실패했지만, 나는 전혀 걱정하지 않았다. 어쩌면 그러한 노력 자체가 큰 실수일 수도 있었다. 나는 단지 만뜨라를 마음속으로 되뇌었고, 만뜨라는 몸의 마비를 풀 수 있게 해 주었다.

자신의 경험을 상기하면서, 나는 레이먼드에게 그가 거듭 반복할 수 있는 구절을 떠올려 보도록 권했다. 레이먼드는 조셉 골드스타인이 지은 다음과 같은 4행시를 생각해 냈다.

내가 자애로 가득할 수 있기를.
내가 침착할 수 있기를.
내가 평화롭고 넉넉할 수 있기를.
내가 행복할 수 있기를.

레이먼드가 선택한 구절이 좀 길다는 느낌이 들었지만, 그것이 진정 그가 바라는 바라면 그 구절이 가장 적합할 것이었다.

그때부터 레이먼드는 자신만의 만뜨라를 수행했다. 레이먼드의 친구는 레이먼드가 고개를 돌리면 그 구절을 보고 되뇔 수 있도록 플라스틱 액자에 넣어 그의 침대 맡에 올려놓았다. 후에 레이먼드가 죽음을 맞이하기 위해 집으로 돌아왔을 때 의식은 점차 희미해지기 시작했다. 말할 힘은 물론이고, 손으로 가리킬 힘조차 잃게 되었다. 그는 전혀 움직일 수 없었다. 그러나 내가 그의 방으로 들어가 그의 침대 곁에 앉아 부드럽게 "내가 자애로 가득할 수 있기를…."이라고 말했을 때, 그의 얼굴은 환하게 빛났으며 눈동자는 감은 눈꺼풀 아래에서 조용히 움직였다. 그 만뜨라가 효과가 있었던 것이다!

제1대 빤첸라마에 대하여

달라이라마는 이 책에서 제1대 빤첸라마의 17연으로 이루어진 시를 설명하기 위해 방대한 분야에 걸쳐 있는 인도와 티베트의 문헌 전통과 구술 전통을 사용한다. 달라이라마는 각 연의 심오한 뜻을 하나씩 풀어 나가면서, 죽음의 과정과 현재의 삶과 다음 삶 사이의 중음도 그리고 환생의 단계를 어떻게 실제적으로 응용할 것인가를 매우 설득력 있게 풀어 나가고 있다.

이 책의 중심이 되는 17연의 시는 17세기에 쓰인 것이다. 이 시는 티베트의 많은 사원과 재가 신도들 사이에 그 중요성이 널리 알려져 있으며, 이제는 전 세계에 걸쳐 퍼지고 있다. 그렇지만 중국 정부의 허가하에 불교를 공부하고 수행할 수 있다는 사실은 현재 티베트 종교가 겪고 있는 현실, 빤첸라마의 상황 그리고 티베트와 중국 사이의 지속적인 긴장을 가리고 있다.

그래서 나는 달라이라마와 빤첸라마의 역사와 더불어, 우리가 살펴볼 17연의 시를 지은 제1대 빤첸라마의 환생의 역사와 계보에 대해서 우선 이야기하고자 한다. 또한 개인적으로 티베트의 상황에 대한 몇몇 오해와 중국 정부에 감금되었던 현생 빤첸라마의 상황에 대해서 밝히고 싶다.

13세기 중반에서 14세기 초에 걸쳐 쫑카빠 로상닥빠는 황모파 또는 겔룩파라는 불교 전통을 세웠다. 쫑카빠의 한 제자인 겐된 둡이 1445년을 전후로 큰 사원을 하나 건립했는데, 그 사찰의 이름이 따쉬룬뽀(행운의 산)이다. 이 따쉬룬뽀 사원은 티베트의 수도인 라사 서쪽 지방에 있는 시가체 지역에 있다. 그 후 1578년, 겐된 둡의 제3대 환생신인 소남 갸쵸(1543~1588)는 그의 보호자이자 추종자였던 몽골제국의 황제 알탄 칸으로부터 '달라이'라는 호칭을 받음으로써 제3대 달라이라마로 추대되었고, 겐된 둡은 제1대 달라이라마로 소급되어 추대되었다. '달라이'는 티베트어 '갸쵸(바다)'의 몽골어다.

겐뒨 둡은 그와 동시대에 살았던 매우 저명한 불교학자 뽀동 촉레 남곌과의 대론에서 그의 모든 난해한 질문에 대해 막힘없이 답한 뒤로부터 '빤첸'이라고 불리기 시작했다. '빤첸'의 의미를 살펴보면, '빤'은 산스크리트로 학자를 뜻하는 '빤디따pandita'에서 온 것이고 '첸'은 티베트어로 '위대한'이라는 뜻을 가지고 있다. 즉, '빤첸'은 '위대한 학자'를 의미한다. 그 뒤로 따쉬룬뽀 사원에서 선출된 대수도원장은 대를 이어 '빤첸'이라는 이름을 계승하게 된다.

그러던 중, 17세기에 들어 제5대 달라이라마는 따쉬룬뽀 사원의 제15대 대수도원장이었던 그의 스승 로상 초끼 곌첸 (1569~1662)에게 따쉬룬뽀 사원을 헌사하게 되는데, 그때부터 따쉬룬뽀 사원의 수도원장에 대한 호칭이었던 '빤첸'은 로상 초끼 곌첸 환생신의 계보를 지칭하는 호칭이 되었다.

그 이후로 달라이라마와 빤첸라마가 서로의 환생신을 공인하는 것이 티베트불교의 관례가 되었다. 달라이라마가 종교적, 정치적 지도자인 반면 빤첸라마는 (티베트 제2의 도시인) 시가체 주변 지역의 지도자다. 달라이라마와 빤첸라마가 어떠한 과정을 거쳐 이러한 명칭을 가지게 되었는지에 대한 역사적 사실은, 달라이라마와 빤첸라마라는 명칭이 중국 정부에 복종하는 뜻을

담고 있다는 현 중국 정부의 주장이 억지에 불과함을 잘 보여
준다.

두 명칭 모두 오로지 티베트 내부의 역사적 사건과 연관된 것
이다. 중국 정부는 그들의 주장을 좀 더 설득력 있게 보이기 위
해서 빤첸라마가 '얼디니Erdini'라고 불렸다는 점을 지적한다. 그
러나 이 말은 몽골어로 '고귀한 보배'를 뜻하는 말로, 다른 많은
몽골 라마 역시 그와 같이 불린다. 빤첸라마가 '얼디니'라고 불
렸던 것은 단 한 번, 1731년 당시 중국을 지배하던 청나라 황제
강희제 때뿐이다.

중국은 그들 역시 한족을 비롯한 몽골족이나 만주족 등의 외
부 민족들에 의해 수차례 지배당했다는 사실을 상기해야 한다.
20세기 초, 현재 중국 역사의 기반을 만든 손중산孫中山 박사는 만
주, 몽골, 동터키, 티베트와 중국을 어우르는 '중화국'이라는 유
령 국가를 날조하려 했다. 그런 그조차 1911년 중국 정부가 민
중 혁명을 통해 만주를 점령했을 당시, 중국이 몽골족이나 만주
족과 같은 외부 민족들에 점령당한 역사적 사실을 인정한 바 있
다. 게다가 몽골족, 만주족 그리고 한족까지 모두 티베트를 다른
나라로 인정했다. 그들이 힘으로 티베트에 간여할 때조차 그러
했다.

더불어 우리는 8세기 티베트 제국이 당나라의 수도 장안(지금의 시안)까지 점령했던 역사적 사실도 기억할 필요가 있다. 만일에 그처럼 점령했던 나라가 점령당한 나라에 대해 소유권이 있다고 주장한다면, 티베트 역시 중국을 소유한다고 주장할 수 있을 것이다.

중국 정부는 티베트를 합법적으로 점령할 구실을 찾기 위해, 달라이라마와 빤첸라마를 비롯하여 각 지역의 매우 중요한 라마들의 환생신 확인 작업에 관여하고 있다. 중국 정부의 이러한 필사적인 시도는 제11대 빤첸라마를 둘러싼 일련의 사건들이 왜 일어났는지를 잘 반영하고 있다.

다음은 환생신을 찾는 과정을 차례차례 기술한 것이다.

1. 전국에 걸쳐 아기가 태어날 때 이상한 현상이 일어났거나 상서로운 태몽을 꾸었을 경우 또는 아이가 태어날 때부터 배우지도 않은 것에 대해 매우 특별한 지식을 가지고 있는 경우를 조사한다.

2. 다음은 후보자를 선별한다. 예를 들어, 선대 달라이라마 서거 이후에 동쪽을 향해 무지개가 나타났다면 이는 달라이라마가 티베트 동부에서 환생할 것임을 암시한다. 그때

30센티미터 정도 되는 상아 모양을 한 두 물체가 선대 달라이라마의 성골함의 동쪽 편에 나타났다. 이런 사실을 바탕으로 조사한 결과, 탐색대는 달라이라마의 환생신을 발견했다. 신기하게도 바로 그 시간, 선대 달라이라마가 설법을 펼쳤던 실외 강당에는 한겨울임에도 꽃이 만개했고 라사 사람들은 자신도 모르게 한 곡조의 노래를 불렀는데, 그 노래 가사에는 현 달라이라마의 부모 이름이 들어 있었다. (많은 후보자들은 그들이 후보자에 오른 사실조차 모르며 달라이라마로 공인된 이후에야 무슨 일이 일어났었는지 알 수 있다.)

3. 초자연적인 징후들을 고려한다. 한 무리의 탐색대는 라사 동남쪽에 있는 라모라초호수로 보내진다. 그들은 호수에서 명상을 하면서 달라이라마의 환생을 예견할 이미지를 떠올린다. 현 달라이라마의 경우, 그들은 호수에서 달라이라마의 출생지에서 가까운 사찰의 모습과 출생 지역의 모습을 보았다. 또한 '아', '까', '마'라는 세 글자를 보았는데, '아'는 그 지역의 이름 '암도'를, '까'는 그 사원의 이름인 '꿈붐 사원'을 그리고 '마'는 티베트어의 여성형 접미사로, 달라이라마가 태어났을 때 불렸던 이름을 가리키고 있었다. 그 당시 달라이라마는 '체링 돌마'라는, 여성에게 주로

붙이는 이름을 가지고 있었다.

4. 신탁은 최종 후보자들의 이름이 적힌 밀가루 반죽 덩어리
들을 사발에 넣고 돌린 다음, 마지막으로 사발 안에 남아
있는 이름을 선택하게 된다.

5. 탐색대는 후보자들이 있는 곳으로 변장을 하고 찾아가 그
후보자들이 특별한 앎을 가지고 있는지 그리고 그들이 선
대 라마의 소유물들을 분별하는지 시험해 본다. 현 달라이
라마의 경우, 변장한 세라^{Sera} 사원◆의 승려 한 명과 관료직
승려를 알아보았다. 그들이 준비해 온 것들 가운데 성하께
서 고른 것들은 선대 달라이라마의 염주 두 개, 종교 의식
에 사용하는 작은 북 두 개 그리고 산책할 때 사용하던 지
팡이였다.

유물사관에 입각한 중국 공산주의 정부가 이러한 종교적 과
정에 간섭한다는 것은 무척이나 우스운 일이다. 하지만 다음 내
용들은 현 빤첸라마의 확인 작업에 있어, 도대체 어떤 일이 일어

◆ 데뿡 사원, 간덴 사원과 함께 겔룩파의 3대 사원으로, 겔룩파의 승가 교육 및 수행의 주
축이 되는 사원이다.

났는지를 정확히 보여 준다.

⋮ 제11대 빤첸라마
선출 작업 연대기

1984년

중국 공산주의 정부는 1950년부터 티베트를 침략하기 시작해, 1959년에는 완전히 점령했다. 그 후, 티베트인들이 자신들로 하여금 고위 라마들의 환생신을 찾도록 허가했다고 발표한다.

1987년

중국 정부는 "모국의 발전에 기여할 애국 라마"를 양성하기 위한 특수 학교를 건립했다.

1989년 1월 28일

제10대 빤첸라마가 51세의 나이로 시가체에 있는 따쉬룬뽀 사원에서 열반에 들었다. 그가 "중국이 티베트를 통치하는 것은 티베트에 이익보다 폐해가 더 많다."라고 중국을 비판한 지 겨우 나흘째 되는 날이었다. 빤첸라마는 달라이라마가 1959년 3월 티베트를 탈출한 뒤에도 계속 남아 있었으며, 티베트에 대한 중국의 정책을 신랄히 비판했다는 이유로 문화혁명 당시 9년 8개월 동안 투옥되어 고문당했다. (빤첸라마가 열반에 든 뒤, 빤첸라마가 독살당했다는 소문이 끊이지 않고 돌았다.) 같은 날 달라이라마는 빤첸라마를 추도하기 위해 10명의 승려를 따쉬룬뽀 사원으로 보내겠다고 중국 정부에 제안했다.

1989년 2월

중국 주석 이붕은 망명한 티베트인들은 외부인이며, 외부인은 환생신의 선별 작업에 관여할 수 없다고 발표했다.

1989년 8월

중국 정부는 빤첸라마의 환생신을 찾고 선별하고 인정하는 과정에 있어 다섯 가지 중요한 기준을 발표했다. 이 계획은 빤첸라마의 사원 측과 중국 정부가 내놓은 절충안으로서 '황금 단지 신탁'이 선별 과정에 포함되어야 하며, 최종 확인 작업에 자신들이 직접 참여한다는 중국 정부 측 주장이 포함되어 있었다.

　빤첸라마 탐색위원회가 중국에 의해 지정되었고, 이 위원회는 중국 정부에 협조적으로 알려진 따쉬룬뽀 사원의 수도원장 차델 린뽀체가 주도했다.

1991년 3월 21일

달라이라마는 뉴델리에 있는 중국 대사관을 통해 빤첸라마의 확인 작업에 필요한 라모라초호수에서의 명상을 위해 10명의 대표단을 파견할 것이며, 빤첸라마의 확인 작업을 도울 것을 희망한다고 알렸다.

1991년 6월

3개월 뒤 중국 정부는 달라이라마의 간섭은 필요 없다고 발표한다.

1993년 7월 17일

중국 정부에 의해 구성된 탐색대의 수장이었던 차델 린뽀체가 달라이라마에게 빤첸라마의 환생신과 관련한 편지를 보냈다. 차델 린뽀체는 편지에서 한 탐색대가 호수 두 곳에 갔었고, 빤첸라마가 환생했다는 확답을 받았다고 알렸다.

1993년 8월 5일

달라이라마가 중국 대사관을 통해 차델 린뽀체에게 답장을 보내, 대표단이 티베트의 망명정부가 있는 인도를 방문하여 환생신 선별 작업에 대한 문제를 논의했으면 좋겠다고 제안했다. 그러나 상대방 측은 이에 대해 아무런 응답도 없었다.

1994년 10월 17, 18일

달라이라마는 중국 정부와 친밀한 관계에 있는 중국인과의 개별 면담을 통해 1993년 8월 5일 차델 린뽀체에게 보낸 편지에 대한 답신을 기다리고 있다고 전했다. 달라이라마는 빤첸라마의 선별 작업은 티베트의 전통적인 방식을 따라야 한다고 강조했다.

1995년 1월

달라이라마는 위의 내용을 두 차례에 걸쳐 강조했다.

1995년 4월

중국 정부는 고위 라마들의 탐색, 선별, 확인 작업에 대한 새로운 법안을 이행하고 있다고 발표했다.

1995년 3월 14일

30명의 후보자에 대한 광범위한 분석 작업과, 신탁으로부터 받은 네 개의 예언 그리고 '밀가루 반죽 덩어리 신탁' 의식을 포함한 아홉 가지 신탁을 받은 뒤, 달라이라마는 여섯 살 난 겐둔 최끼 니마를 제11대 빤첸라마로 공인했다. 그는 1989년 4월 5일 티베트 낙추 지방의 라리에서 태어났다. 그의 생일은 빤첸라마와 매우 특별한 관계가 있는 깔라짜끄라^{카루} 가르침의 역법에 따랐을 때, 길일과 일치했다. 달라이라마와 차델 린뽀체의 대표단 모두 이에 동의했다.

1995년 5월 15일

중국 정부는 차델 린뽀체를 늙은 시자 잠빠와 함께 청두에 있는 독방에 12일 동안 감금했다. 빤첸라마로 공인된 겐둔 최끼 니마는 중국 정부의 보호 감호하에 들어갔다. 6세의 나이로 세계 최연소 정치범이 된 것이다.

1995년 5월 19일

티베트의 도시마다 중국 정부의 빤첸라마 선별에 대한 간섭을 반대하는 벽보가 붙기 시작했다.

1995년 5월 21일

중국의 티베트 자치정부는 라사, 시가체 그리고 낙추에서 3명 이상 모이는 것을 금하고, 빤첸라마에 대해 공개적으로 토론하는 것을 금했다. 자치정부 간부단은 따쉬룬뽀 사원으로 이동하여 공산주의 재교육 프로그램을 시작했으며, 차델 린뽀체를 비판할 승려들을 모았다. 최끼 니마와 그 가족 그리고 다른 두 후보자가 사라졌고, 그들이 북경으로 옮겨졌다는 소식이 들렸다. 라사에 있는 모든 티베트 자치정부의 지도자들과 종교 지도자들은 달라이라마의 발언에 반대할 것을 강요당했다.

1995년 5월 24일

3일 동안 중국 공산당 인민회의가 긴급 소집되어 달라이라마의 빤첸라마 공인이 '불법이며 가치 없는 것'이라고 선언했다.

1995년 6월 11일

차델 린뽀체의 십무 담당인 갸라 체링 삼둡이 달라이라마와 내통했다는 혐의로 중국 정부에 의해 딩리에 억류되었다.

1995년 6월 12, 13일

중국 정부는 시가체에 있던 외국인 여행자를 모두 추방함으로써, 시가체에서 일어나는 시위가 밖으로 알려지지 않도록 조치했다. 티베트인들은 빤첸라마의 따쉬룬뽀 사원에서 종교 행위를 하지 못하도록 금지당했고, 따쉬룬뽀 사원을 순례하거나 다른 곳으로의 성지순례를 하지 못하게 되었다.

지금까지도 달라이라마와 따쉬룬뽀 사원에 의해 빤첸라마로 공인된 소년이 어디에 있는지는 알 수 없다.♦ 중국 정부는 그와 가족을 7년 동안 외부로부터 격리시켰고, 국제 사찰단과의 접촉을 금지했다. 차델 린뽀체는 2002년 7년의 독방 생활에서 풀려났다.

중국 정부는 위와 같은 어이없다고밖에 표현할 길 없는 일련의 사건이 일어나는 동안 자체적으로 탐색단을 구성, 자신들이 진짜 빤첸라마를 찾았다고 발표했다. 중국 주석 장쩌민은 선별작업에 대해 매우 특별한 관심을 보였다. 중국 정부가 공인한 대

♦ 2015년, 실종 20년 만에 확인된바 중국 관영 〈글로벌타임스〉 등에 따르면 겐둔 최끼 니마는 현재 티베트에서 살고 있다고 한다.

리 빤첸라마는 2003년 당시 13세로, 중국 신문에서는 그를 매우 애국적인 학자라고 떠들어 댔다. 2001년, 중국의 어용 빤첸라마는 동해 연안을 시찰하면서 "나는 지금 중국 공산당의 위대함에 깊은 감동을 받았고, 중국 공산당의 장려한 정책 아래 사회주의 가족의 일원으로서의 온기를 깊이 느끼고 있다."라고 말했다.

⋮   티베트의 위대한 보물

어째서 중국 공산당 정권이 이 문제에 공을 들이고 있는 것일까? 그것은 자신들이 티베트의 종교에 있어 핵심적인 역할을 하고 있다는 것을 보임으로써 티베트 침략을 정당화하고자 했기 때문이다. 또한 중국이 이름붙인 "티베트 자치구역"의 열세 번째 기념일에 제11대 빤첸라마를 공인하고자 했을 수도 있다. 그러나 달라이라마와 애초 중국 정부에 의해 구성된 대표단은 동일한 후보자를 빤첸라마로 공인했고, 여기에는 중국 정부의 간섭을 미연에 방지하고자 했던 의도가 있었다.

중국 정부는 또한 현 달라이라마의 선출에 있어, 이전의 중국 정부인 국민당이 관여했다는 터무니없는 주장을 하고 있다. 그러나 이 말도 안 되는 주장은 분명한 역사적 사실마저 무시하고 있다. 1940년 2월 22일 달라이라마의 대관식이 있던 날, 당시 중국 대사였던 우쫑신은 부탄, 시킴, 인도의 대사들과 똑같은 대접을 받았고 대관식에서 어떠한 중요한 역할도 하지 않았다. 하지만 당시 국민당은 "소년(달라이라마)이 북경을 향해 절을 했고, 중국 대사가 그를 옥좌에 앉혔다."라며 사실을 날조했다.

심지어 중국 정부를 돕고 있고, 대관식에 참석했던 티베트 관리이자 중국 인민위원회 부서기관인 아보 나왕 직메조차 "우리 공산당은 국민당 정부의 거짓말에 기댈 필요가 없다."라고 1989년 7월 31일 선언했다. 또한 통전부統戰部 사령관 장붕張鵬은 "앞으로 우리는 우쫑신이 제14대 달라이라마의 대관식을 집행했다고 말하지 않을 것이다."라고 발표했다.

현재 중국 정부는 국민당의 거짓말을 필사적으로 반복하고 있다. 흥미로운 사실은, 티베트에는 다양한 철학적 문제들을 탐구하는 큰 사원이 많이 있음에도 티베트와 중국을 포괄하여 한 나라로 지칭하는 고유한 티베트어가 단 한 마디도 나오고 있지 않다는 사실이다.* 다시 말해 여전히 티베트인들은 자신들이 중국과 한 나라에 속해 있다고 생각하지 않는다는 것이다.

중국 정부의 작금의 정책은 티베트인들이 무엇을 원하고, 티베트인들에게 무엇이 필요한지를 철저히 무시하고 있다. 전 세계는 이러한 현실에 관심을 갖고 중국 정부가 펼치고 있는 티베트에 관한 정책을 포기하도록 만들어야 한다. 또한 각국 정부와 비정부단체는 빤첸라마와 빤첸라마 확인 작업과 관련하여 투옥된 모든 이들이 석방될 수 있도록 중국 정부에 압력을 가해야 한다. 그리하여 빤첸라마가 자신의 사원에서 수행하고 자유롭게 여행할 수 있게 보장해야 한다. 또한 국제연합은 티베트의 상황에 대하여 중국과 대화하려는 달라이라마의 노력을 뒷받침해야 한다.

티베트의 문화는 티베트뿐 아니라 볼가강가에 있는 칼묵 지방까지 걸쳐 있다. 더 나아가 내몽고와 외몽고, 시베리아의 부리아트 공화국, 부탄, 시킴, 라다크와 네팔의 일부분까지 티베트 문화의 영향권 아래 있다. 이 모든 지역에서의 불교 제의와 학문적인 연구가 티베트어로 이루어지고 있다. 중국 공산당 정권이 이들 나라를 점령하기 이전에는 이 광대한 지역에서 찾아든 젊은이들이 티베트, 특히 라사 지역으로 몰려와 공부하고 수행했

—

◆ '뚱고^{krung go}'라는 단어가 있지만, 이는 '중국'의 중국어식 발음을 음사했을 뿐이다.

으며 그 후 자국으로 돌아갔다. 그러므로 티베트 문화는 아시아 내륙의 광대한 영역에 걸쳐 중요한 위치를 차지하고 있다고 해도 과언이 아니다. 이러한 위대한 문화의 소멸은 인류에게 있어 매우 큰 손실일 것이다.

그런 관점에서 이 책은 티베트의 위대한 보물 중 하나를 우리에게 선사할 것이다.

제프리 홉킨스
버지니아대학교 종교학 명예교수

• • •

차
례

제0장

죽음에 관한 명상에 쓰이는 티베트인들의 시

• • •

중음도의 위험한 곤경에서
해방되고자 하는 기원문,
두려움에서 해방된 영웅

_제1대 빤첸라마, 로상 초끼 곌첸 지음

스승 문수보살께 귀의합니다.

1.

과거, 현재, 미래의 붓다와 법 그리고 승가 모두에

나를 비롯해 허공에 걸쳐 있는 중생 모두 남김없이

최고의 깨달음을 얻을 때까지 귀의합니다.

현재의 삶과 중음도, 내생의 공포로부터

벗어날 수 있기를 기원합니다.

2.

얻기는 힘들고 잃기는 쉬운 이 좋은 기반은

이익과 손실, 안락과 고통 가운데 선택할 기회를 주기에
우리가 이 삶의 의미 있는 정수를
이 삶 속의 어리석은 일들에 의해 산란되지 않고
삶을 지탱할 수 있기를.

3.
죽음은 반드시 오지만 죽음의 시간은 정해져 있지 않으니,
모인 것은 흩어지기 마련이고 모아 둔 것은 남김없이 소모되며
일어난 것이 가라앉으리니, 태어남의 마지막은 죽음이 되리라.
우리가 낭비할 시간이 없다는 것을 깨닫기를.

4.
주체와 객체라는 잘못된 사고의 이 도시에서
네 가지 더러운 요소로 이루어진 환각의 몸과
의식이 분리되는 죽음의 때에
우리가 다양한 원인에서 비롯된 죽음의 고통에서
벗어날 수 있기를.

5.

애지중지하는 이 몸으로부터 배신당할 때,

무서운 적, 죽음의 신이 나타날 때,

탐욕, 증오, 어리석음, 이 삼독이란 무기로

내 목숨을 스스로 끊을 때,

우리가 덕스럽지 못한 것의 잘못된 외양에서 벗어나기를.

6.

의사가 포기하고, 종교 의식들이 효과가 없을 때,

친구들이 우리의 생명에 대한 희망을 버릴 때,

내가 가진 모든 것이 쓸모가 없을 때,

라마의 가르침을 기억할 수 있기를.

7.

불행과 함께 쌓인 음식과 재산이 죽음 뒤로 남겨질 때,

친구들에 대한 애정과 욕망으로부터 영원히 분리될 때,

두려운 곳으로 홀로 가야 할 때,

우리에게 환희와 기쁨에 대한 확신이 함께하기를.

8.

흙, 물, 불, 공기에 의해 이루어진 몸이 점점 무너져 내릴 때,

몸의 기운이 쇠퇴하고 입과 코가 마르고 주름 잡힐 때,

온기가 점차 사라지고 숨이 가빠지고 시끄러운 소음이 들릴 때,

우리가 공덕의 강한 마음을 일으킬 수 있기를.

9.

두렵고 끔찍한 여러 모습들이,

특히 신기루, 연기, 반딧불이 나타날 때에,

여든 가지 자성에 의한 생각들이 사라져 갈 때,

존재의 불멸의 상태를 우리가 깨달을 수 있기를.

10.

바람의 요소들이 의식으로 해체되기 시작할 때,

날숨이 멈추고 거친 이분법적 사고가 해체될 때,

밝게 빛나는 버터 램프 같은 모습이 보일 때,

우리가 강한 정신 집중과 내관을 일으킬 수 있기를.

11.

모습, 증가, 근성취의 세 가지가 이전에서 이후로 해체될 때,

햇빛과 달빛 그리고 암흑이 가득 찬 것 같은 경험이 나타날 때,

윤회와 열반이 공함을 깨닫는 요가에 의해

자신의 본성을 우리 스스로가 알 수 있기를.

12.

근성취가 일체공으로 해체되고

모든 개념적 증가가 완전히 사라지고

염오의 조건들로부터 자유로운

가을 하늘과 같은 경험이 일어날 때,

청명한 빛의 모자가 만날 수 있기를.

13.

번갯불과 같은 강력한 여인에 의해

달처럼 흰 물질들이 녹는 네 가지 공성의 시간 동안,

본래적인 환희와 공성이 합해진 반야지에서

우리들이 삼매의 깊은 명상에 머무를 수 있기를.

14.
우리가 중음도의 상태에서
환각의 삼매를 성취하여 청명한 빛을 떠나
오직 쁘라나와 죽음의 청명한 빛의 마음에서만 생겨난
붓다의 상과 아름다움의 영광이 불타는 듯한
환희신의 몸으로 일어날 수 있기를.

15.
만일 업에 의하여 중음도에 이르게 된다면
단박에 분석에 의해 삶과 죽음, 중음도의
고통의 자성의 부재를 깨달아
혼동된 존재가 정화되기를.

16.
전도된 현상들의 네 가지 소리와 세 가지 두려움과
불확실한 모습들의 다양한 현상들이 떠오를 때,
외적, 내적 그리고 비밀의 몸을 변화시키는 수행을 통해
정토에 태어날 수 있기를.

17.

우리가 세 가지 수행을 가진 공행자

또는 스님, 재가 수행자로 태어나

생성과 성취의 두 단계의 길에 대한 깨달음을 완성하여

붓다의 삼신을 빠르게 얻을 수 있기를.

제1장

죽음에 대한 사색

천을 짤 때,
가지가지 좋은 실들로 천을 엮어 내듯
인간의 삶 역시 그러하다.

붓다

● ● ●

죽음에 대해서 사색하는 일은 매우 중요하다. 그러므로 우리는 현재의 삶을 영원히 지속할 수 없다는 사실에 대해서 곰곰이 생각해 볼 필요가 있다. 만일 죽음을 인정하지 못한다면 우리가 성취한 지금의 삶 즉, 소중한 인간으로서 누릴 수 있는 삶이 가진 이익을 얻을 수 없을 것이다. 죽음에 대한 사색이 의미 있는 것은 바로 이것을 기초로 하여 중요한 결과에 도달할 수 있기 때문이다.

죽음을 분석하는 것은 결코 두려움을 느끼려는 것이 아니다. 중요한 수행들을 많이 쌓을 수 있는 현재의 소중한 삶에 감사하고자 하는 것이다. 죽음이 우리 앞에 다가올 때 겁에 질리기보다는, 수행할 시간이 얼마 남지 않았다는 사실에 좀 더 주목해야 한다. 그렇게 한다면 죽음에 대한 사색을 통해 가일층 수행에 정진할 수 있을 것이다.

죽음이란 것은 삶의 일반적인 과정 가운데 하나일 뿐임을 인정해야 한다. 붓다께서는 이렇게 말씀하셨다.

죽음의 손길이 닿지 않는 곳은
그 어디에도 있지 않으리.
하늘에도 있지 않으며, 바다에도 있지 않네.
산속에 숨는다 해도 소용없으리.

만일 죽음이 삶의 일부분이라는 사실을 받아들인다면 죽음이 실제로 다가올 때 그 상황을 좀 더 쉽게 받아들일 수 있을 것이다.

언젠가는 죽음이 다가올 것이라는 사실을 내심 인정하면서도 애써 모르는 척 부정한다면, 그것은 이치와 맞지 않을 뿐 아니라 역효과를 가져올 수도 있다. 이것은 나이 들어가는 것을 삶의 일부분으로 받아들이려 하지 않는 것과 마찬가지다. 하지만 우리가 아무리 의식적으로 회피하려 해도 사람은 늙어 가기 마련이다. 이처럼 엄연한 삶의 일부분을 애써 무시하려 하는 것은 스스로 마음의 준비를 할 기회를 빼앗는 것이다. 그리하여 정작 그러한 상황이 실제로 닥쳤을 때 견딜 수 없는 고통을 받게 된다.

많은 사람들이 육체적으로 늙어 가면서도 젊게 보이려고 노력한다. 나는 때때로 아주 오래된 친구들을 만날 때, 그들을 '내 늙은 친구'라고 부르며 맞이한다. 이 말은 우리가 서로를 오랫동안 알아 왔다는 뜻이지, 몸이 늙었다고 말하는 것은 아니다. 그렇지만 내가 그런 식으로 말했을 때 그들 가운데 몇몇은 단호하게 나의 말을 정정했다.

"우리는 늙지 않았습니다! 그저 오래된 친구들일 뿐이죠."

사실 그들은 늙었다. 그들의 얼굴에는 세월이 지나가며 남긴 흔적들이 여기저기 남아 있다. 그렇지만 그들은 늙었다고 하는 말을 언짢게 생각한다. 어리석은 일이다.

나는 가끔씩 백 년 남짓한 인간의 수명을 지구의 나이와 비교해 본다. 그리고 그것이 얼마나 짧은 기간인지 떠올려 보곤 한다. 우리는 순식간에 지나가는 이 삶을 다른 이들이 고통스러워하지 않도록 사용해야 한다. 이 삶을 파괴적인 일이 아닌, 보다 건설적인 일에 사용해야 하며 다른 이들을 해치거나 문제를 일으키지 않도록 노력해야 한다.

관광객이 어떤 곳을 잠시 방문해 많은 문제를 일으킨다면, 그것은 정말 어리석은 짓이다. 하지만 짧은 방문이라 할지라도 여행지에서 다른 이들을 행복하게 해 줄 수 있다면, 그것은 매우 현명한 일일 것이다. 또 그렇게 해야만 다른 곳으로 다시 여행을 떠날 때 스스로도 행복한 마음을 간직하고 갈 수 있다. 만일 문제만 일으켰다면, 머무는 동안 아무런 곤란도 겪지 않았다 할지라도 시간이 지나 그때를 되돌아보면 뭘 하러 그곳에 갔었는지 알 수 없기 마련이다.

우리는 백 년 남짓한 일생 중에 처음 앞부분은 어린아이로, 뒷부분은 늙은이로 보내게 된다. 또한 이 시기의 대부분을 다른 동물들과 다름없이 먹고 자는 데 사용한다. 이 두 시기 사이에 존재하는 시간은 겨우 육칠십 년에 불과하다. 때문에 우리는 이 시기를 의미 있게 보내야 하는 것이다. 붓다께서는 이렇게 말씀하셨다.

인생의 절반은 잠이다. 10년은 어린 시절로 써 버리고, 20년은 늙어서 잃어버린다. 남아 있는 20년마저도 울고, 불평하고, 아파하고, 화를 내는 데 많은 시간을 허비하고, 수백 가지의 병고로 더 많은 시간을 낭비한다.

지금의 삶을 의미 있게 만들기 위해서는 늙어 가는 것과 죽음이 삶의 일부분임을 받아들여야 한다. 자신에게만은 절대 죽음이 오지 않으리라고 믿는 것은 더 많은 탐욕과 문젯거리만 만들

뿐이다. 이러한 불가능한 일에 대한 믿음은 다른 이들을 해치기까지 한다.

역사상 위대한 황제나 군주들이 거대한 왕궁이나 무덤, 성벽을 쌓아 올린 이유를 자세히 살펴보면, 그들 모두가 현재 자신의 삶을 영원히 유지할 수 있을 것이라 생각했기 때문이다. 하지만 자신을 속이는 이러한 생각은 스스로 더 많은 고통을 일으켰을 뿐만 아니라, 더 많은 사람들을 고통스럽게 만들었다.

내생을 믿지 않는 사람들이라 할지라도, 언젠가는 죽음이 찾아온다는 사실에 대해 생각해 보는 것은 생산적이고 유익하며 과학적인 일이다. 사람과 마음은 물론이요, 이 세상에 존재하는 모든 것은 매 순간 현상을 변화시키기 때문에 죽음에 대한 사색은 보다 나은 발전을 위한 가능성을 열어 준다. 만일 상황이 바뀌지 않는다면, 그 상황은 영원히 고통이라는 성질을 담고 있을 것이다. 모든 것이 항상 변하고 있다는 사실을 안다면 견디기 힘든 상황을 겪고 있다 하더라도 그 상황이 영원히 지속되지는 않는다는 사실을 알고 보다 편안해질 수 있을 것이다. 그러므로 절망할 필요가 없다.

행운 역시 영원하지 않다. 결과적으로 일이 잘 풀리고 있다고 해서 너무 집착할 필요는 없다. 영원이라는 사고방식은 우리를 망쳐 버리고 만다. 설령 여러분이 내세를 믿는다 하더라도, 현세를 더욱 중요하게 생각하기 때문에 미래는 그다지 중요하지 않을 수도 있다. 하지만 이러한 태도는 현재의 삶에서 생산적인 수행을 할 여유와 편의를 망쳐 버린다. 이럴 경우에는 무상無常의 견해가 우리에게 도움이 된다.

무상을 깨닫기 위해서는 수련, 즉 마음 길들이기가 필요하다. 그렇다고 해서 그것이 형벌이나 외부로부터의 통제를 의미하지는 않는다. 수련은 금지를 뜻하는 것이 아니기 때문이다. 그보다는 장기적인 이익과 순간의 이익 사이에 모순이 있을 때, 장기적인 이익을 위하여 순간의 이익을 희생함을 의미한다. 이것이 바로 업의 원인과 결과를 확인하는 과정에서 비롯되는 자기 수련이다. 예를 들어 최근 누군가가 병이 들어 앓고 난 뒤, 위의 상태를 정상적으로 만들기 위하여 신 음식과 차가운 음료가 아무리 맛있게 보이고 마시고 싶어도 꾹 참고 있다고 하자. 이러한 유형의 수련은 보호를 뜻한다. 비슷한 방식으로 죽음에 대한 숙고는 자기 수련과 보호를 뜻하는 것이지 형벌을 뜻하는 것이 아니다.

인간은 누구나 좋은 일들을 만들 가능성을 가지고 있다. 하지만 그 가능성을 충분히 활용하기 위해서는 반드시 자유와 해방이 필요하다. 전체주의는 이것의 성장을 억누른다. 이를 보완하는 방법인 개인주의는 어떠한 동기도 외부에서 기대하지 않으며, 명령을 기다리지 않는다는 것을 의미한다. 여러분 스스로 시작의 동기를 만들어야 한다. 붓다께서는 종종 "개개인의 해방"을 말씀하셨는데 이것은 조직에 의한 것이 아닌, 자기 스스로 얻는 해방을 뜻하는 것이다. 개인은 자신만의 긍정적인 미래를 만들어야 한다. 또한 자유와 개인주의는 자기 수련을 필수로 한다. 만일 자유와 개인주의가 자신과 다른 이들의 고통스러운 감정에 남용된다면 부정적인 결과를 맞이할 것이다. 자유와 자기 수련은 반드시 함께 가야 하는 것이다.

∴   시야의 확장

불교도의 입장에서 보면, 불교도 최고의 목표는 수많은 중생을 도울 수 있도록 불성을 성취하는 것이다. 그러나 중간 단계의 성취로도 태어남, 늙음, 병듦 그리고 죽음이라는 고통스러운 과정에서 해방될 수 있다. 낮지만 가치 있는 성취는 내생을 향상시키기에 충분하다. 삶의 점진적인 향상으로 해방이 성취될 것이고, 이것을 근거로 하여 불성을 성취할 수 있을 것이다.

무엇보다 먼저 우리의 시야를 내생까지 포함하게끔 확장해 보자. 그러고 나면 자신이 처한 곤경을 철저히 이해함으로써 윤회라고 불리는, 한 생의 고통에서 다음 생의 고통으로의 윤회를 포함할 정도로 시야가 깊어질 것이다. 결국 이러한 깨달음은 모든 중생이 고통과 고통의 원인으로부터 해방되길 바라는 자비로운 소망을 통해 다른 이에게까지 확장된다. 또한 자비로운 마음은 우리로 하여금 불성을 갈망하도록 만들 것이다.

우리가 윤회와 고통의 완전한 자성을 파악하기 전에 먼저 해야 할 것은 내생에 영향을 미치는 보다 깊은 삶의 측면에 대해 생각하는 것이다. 고통에 대한 이해는 충만한 자비심의 개발이 선행되어야 가능하다.

⠿ 죽음에 대해 사색하지 않음으로써 오는 불이익

죽으리라는 사실을 깨닫는 일은 유익하다. 왜일까? 죽음을 인정하지 않는다면, 그것은 수행에 집중하고 있는 것이 아니다. 그저 의미 없이 허송세월하는 것이며 어떠한 종류의 태도와 행위가 고통을 지속시키고 어떠한 것들이 행복을 일으키는지에 대해서도 전혀 생각하지 않는 것이다.

내일이라도 당장 죽을 가능성이 있다는 사실을 인정하지 않는다면 "나는 나중에 죽을 거야! 나중에, 나중에…" 식의 잘못된 견해에 빠지고 만다. 이런 상태에서 누군가에게 죽음이 다가온다고 생각해 보자. 그때서야 가치 있는 무언가를 이루고자 하겠지만, 그것을 시작할 작은 힘도 남아 있지 않을 것이다. 많은 티베트인이 어린 시절 사원에 들어가서 영적인 수행에 대한 글들을 읽는다. 하지만 정작 진정한 수행을 할 시기가 되었을 때는 정진할 힘이 모자라는 경우가 많다. 무상無常에 대해 제대로 알지 못하기 때문이다.

어떻게 수행할지에 대해 생각하면서 몇 달 동안, 심지어 몇 년 동안 안거에 들어가 수행을 해야겠다고 결심했다면 이는 당신이 이해한 무상의 지혜 덕이다. 그렇다 해도 무상이 주는 피해에 대한 반복된 사색을 통해 이러한 절박함이 지속되지 않으면 수행은 점차 효력을 잃을 것이다. 이것이 사람들이 몇 년간 수행을 하면서도 삶에 자국을 남기지 못하는 이유다. 무상에 대한 사색은 수행을 시작하게 하는 동기이며, 수행을 지속시키는 연료이기도 하다.

언젠가는 죽을 것이며 그 죽음이 언제 도래할지 예측할 수 없다는 점을 명확하게 알고 있다면, 왜 죽음에 대해 수행해야 하는지 그 이유를 알 수 있을 것이다. 이는 마치 친구가 "조심해. 그리고 정직해. 또 하루가 가고 있어."라고 주의를 주는 것과 같을 것이다.

출가하여 집을 떠날 수도 있다. 그렇다면 당신에게는 새로운 이름과 새로운 가르침이 주어질 것이다. 바쁘게 수행해야 하는 일 또한 많이 줄어들 것이다. 한편 당신은 보다 깊은 목표를 향해 나아가도록 자신의 태도를 변화시켜야 한다. 만일 매 순간의 피상적인 일들, 예를 들어 맛있는 음식, 좋은 옷, 보다 나은 처소, 재미있는 이야기, 많은 친구와 지인들로 스스로를 바쁘게 만들고, 다투고 싸워 적을 만들기까지 한다면 재가에 있을 때보다 나을 것이 하나도 없을 것이다.

기억하라. '변화는 자신의 안에서 일어나야 한다.'라는, 동료 수행자들이 생각할 만한 두려움이나 부끄러움 때문에 이러한 피상적인 일에서 벗어나는 것으로는 충분치 않다는 것을. 이는 수행을 하는 비구나 비구니뿐 아니라 재가자들에게도 적용되는 진실이다.

어쩌면 영원이라는 느낌, 당장 죽는 것이 아니며 아직은 살아 있다는 느낌 그리고 좋은 음식, 좋은 옷, 특히 좋은 대화가 필요하다는 생각에 시달릴지도 모른다. 눈앞에 보이는 현재의 결과에 대한 욕망 때문에 길게 내다보면 가치 없는 것들이라 할지라도 원하는 것을 가지기 위해 갖은 수단과 방법을 동원한다. 고리 대금으로 돈을 빌려 준다거나, 친구를 깔본다거나, 법정 소송을 벌인다든가. 가질 수 있는 이상의 것을 위해서 말이다.

보통 사람들은 이런 일들에 평생을 바쳐 왔기 때문에 공부보다 돈에 더 관심을 갖게 된다. 그렇기 때문에 수행을 하려 해도 수행에만 몰두할 수 없는 것이다. 가령 책에서 종이 한 장이 떨어져 나간다면, 우리는 굳이 그것을 주우려 하지 않을 것이다. 하지만 돈이 땅에 떨어져 있다면 두말할 필요도 없을 것이다.

삶에서 보다 더 깊은 의미를 추구하는 누군가를 만났다고 하자. 어쩌면 당신은 그들처럼 보다 깊은 의미를 찾는 일에 삶을 바쳐 볼까 생각할지도 모른다. 하지만 대부분 생각에만 그치고 만다. 반면 화려하게 차려입고 재산을 뽐내는 사람들을 본다면 갈망하고 좇고자 하는 욕망을 일으키며 그렇게 되고자 노력할 것이다. 당신은 이런 것들에 훨씬 더 집착할 것이고 그것을 얻고자 무엇이든 하려고 할 것이다.

이 세상의 화려함에 매력을 느낀다면 괴로운 감정만 점점 늘어나고 이는 더 악한 행위들을 유발시킨다. 이처럼 역효과밖에 없는 감정들은 말썽만 일으키고 자신과 주위 사람들을 힘들게 할 뿐이다. 설령 깨달음에 이르는 과정에 관한 수행법을 배웠다 할지라도 그런 감정들이 남아 있다면 점점 더 물질적인 것에 집착하게 되고, 감정이 끌리는 곳에 있는 사람만 만나게 될 것이다. 다시 말해 이 삶에 대해 어설프게 수행하고, 친구들에 대한 욕망과 적들에 대한 증오를 명상을 통해 개발하며 고통스러운 감정을 가득 채울 방법들을 알아내고자 궁리할 것이다. 그 시점에서 진실하고 이익이 되는 수행에 관해 듣는다 할지라도, 그저 이렇게 생각할지 모른다.

"그래. 그게 사실이지. 그렇지만…"

그리고 '그렇지만' 뒤에 꼬리를 붙여 나갈 것이다. 실제로 당신은 시작 없는 윤회 속의 이러한 고통스러운 감정들에 길들여져 왔다. 거기에다 어설픈 수행까지 덧붙이게 된 것이다. 이는 상황을 더 악화시킬 뿐만 아니라, 진정 도움이 되는 길에서 더 멀어지는 꼴이다.

이러한 갈망에 휘둘리는 한, 평온이란 있을 수 없다. 게다가 다른 이들까지 불행하게 만들 수 있다. 우리 자신을 불행하게 만들고 있다는 것은 말할 나위조차 없는 일이다. 점점 더 자기중심적이 됨에 따라, 즉 '내 것', '내 몸', '내 재산' 등을 따지게 됨에 따라 누구라도 그것을 침범하면 그 즉시 증오의 대상이 되고 만다. 아무리 '나의 친구들', '나의 친척들'을 구별한다 해도 그들은 우리가 태어날 때나 죽을 때 어떤 것도 도와줄 수 없다. 우리는 홀로 이 세상에 왔고, 홀로 이 세상을 떠나야만 한다.

죽음을 맞이할 때 친구와 함께할 수 있다면 그들에게 집착한 보람이 있겠지만, 이는 불가능한 일이다. 만일 전혀 낯선 곳에 다시 태어났을 때 전생의 친구가 있어서 여러분을 돕는다면 힘이 될 수도 있겠지만, 그 역시 생각은 할 수 있어도 가능한 일은 아니다. 하지만 태어나서 죽을 때까지 수십 년 동안 그들은 여전히 '내 친구', '내 누이'이며, '내 동생'이다. 이런 잘못된 집착은 전혀 도움을 주지 못할뿐더러 당황스러움, 욕망 그리고 증오를 만들 뿐이다.

친구들에 대한 집착이 지나치게 커진다면 적에 대한 집착 역시 커지기 마련이다. 세상에 태어났을 때 우리는 아무도 몰랐고 누구도 우리를 알지 못했다. 심지어 우리 모두 행복을 바랄 뿐 고통을 바라지 않음에도 몇몇 사람의 얼굴을 떠올리며 "이들은 친구야."라며 기뻐하고, 다른 몇몇 사람의 얼굴을 떠올리며 "이들은 적이야!"라며 혐오한다. 그들에게 나름의 인식표와 별명을 붙여 놓고 친구들에 대해서는 욕망의 감정을 일으키는 연습을 하고, 적들에 대해서는 증오를 일으키는 연습을 하는 것이다. 과연 이런 일에 무슨 가치가 있을까? 문제는 삶의 피상적인 일에서 단 한 걸음도 나아가지 못한 이러한 일들로 너무나 많은 정력을 낭비하고 있다는 사실이다. 하찮은 일 때문에 우리 모두가 심각한 손해를 입고 있는 것이다.

만일 누군가가 그 어떤 수행도 하지 않았고 수행에 대하여 일깨워 줄 사람 하나 없이 그저 슬퍼만 하는 친지들에 둘러싸여 죽음의 길을 걷게 된다면 이는 문제만 불러일으킬 것이고 결국 이 문제를 스스로 안고 가야 할 것이다. 무엇이 잘못된 것일까? 무상에 대한 사색이 없었기 때문이다.

∶　무상에 대한
　　사색이 주는 이익

우리가 살아 있는 동안에 죽을 것이라는 사실을 깨닫는다면, 또한 냉철하게 우리가 처한 상황을 판단한다면, 더 이상 피상적이고 한시적인 목적에 좌지우지되지 않을 것이다. 또한 길게 내다

보았을 때 무엇이 더 중요한지를 간과하지 않을 것이다. 누구에게나 죽음은 올 것이며, 무엇이 중요한지에 대해 미리 결단을 내려 놓아야 한다.

우리가 지금의 삶이 얼마나 빨리 사라지고 있는지 명심하고 있다면, 시간을 소중하게 여기고 가치 있는 무언가를 하려고 노력할 것이다. 또한 죽음의 절박함에 대해 명심하고 있다면, 수행의 필요성을 실감하게 될 것이다. 그리하여 먹고 마시는 것부터 전쟁, 사랑, 헛소문에 대한 끊임없는 수다에 이르기까지 마음을 산란하게 만드는 수많은 것들에 시간을 낭비하지 않게 될 것이다.

살아 있는 모든 존재는 행복을 원하지 고통을 원하지 않는다. 우리는 원치 않는 피상적인 그리고 깊은 고통을 제거하기 위해 다양한 수준의 방법을 동원한다. 대부분의 사람은 고통을 피하기 위해 생의 초반부터 그런 기술을 연마한다. 종교적 수행을 했건 하지 않았건 간에 사람들은 자기 삶에서 고통을 줄이고 제거하기 위해 노력한다. 심지어 어떤 이들은 더 큰 고통을 극복하고 행복의 척도를 얻는 방법으로서 현재의 고통을 감내하기도 한다.

모든 이들은 피상적인 고통을 제거하려고 노력한다. 그러나 보다 깊은 고통을 제거하는 다른 차원의 방법이 있다. 즉, 자기에게 있을 미래의 고통을 최소화하는 데 그치지 않고 자신과 나아가 모든 존재를 위해 온갖 종류의 고통을 없애고자 하는 것이다. 궁극적으로 불교의 영적인 수행은 후자에 속하는 방법이다.

이러한 방법은 삶의 태도를 수정하는 것을 포함한다. 즉, 영적인 수행은 기본적으로 사고방식을 좋은 쪽으로 바꾸는 것을 말한다. 이것을 산스크리트로 다르마^{dharma}라고 하며 '무엇을 억제하는 것'이라는 뜻을 가지고 있다. 이는 바람직하지 못한 태도를 수정함으로써 일정 수위의 고통으로부터 자유로울 수 있고, 이를 통해 특정한 고통을 '억제'함을 의미한다. 영적인 수행은 우리 자신과 다른 사람들을 불행으로부터 보호하고 불행을 억제한다.

우리는 윤회 속에 있는 자신의 상황을 이해함으로써 그리고 고통을 멀리할 방법을 찾음으로써, 자신의 각성을 다른 존재에게까지 확장시키고, 나아가 자비심을 닦을 수 있게 될 것이다. 이것은 곧 다른 이들이 고통으로부터 벗어날 수 있도록 헌신함을 뜻한다. 이러한 마음가짐은 하나의 생명체에 불과한 우리에게 현실감을 일깨워, 많은 이들에 대한 보살핌을 선택하도록 할 것이다. 뿐만 아니라 다른 이들의 행복을 위해 노력함으로써 보다 행복해질 수 있을 것이다. 자비심은 고통에 대한 두려움을 줄여 주고, 내적인 힘을 키워 준다. 자비심은 일을 완성하게 해 주는 일종의 원기다. 자비심은 용기를 북돋아 준다.

예를 하나 들어 보자. 나는 보드가야에 있을 때 만성적인 장염으로 고생한 적이 있다. 병원으로 후송되는 와중에도 고통이 너무 심해서 비 오듯 땀을 흘려야 했다. 자동차가 붓다께서 가르침을 여셨던 영취산 지역을 지나고 있었는데, 그 지역은 너무나 가난했다. 비하르 주는 인도에서도 가난한 지역에 속했지만, 그곳은 정도가 더 심했다. 나는 그곳 아이들이 학교에 가거나 학교에서 돌아오는 모습을 보지 못했다. 그곳에 있는 것은 오직 가난과 질병뿐이었다.

나는 그곳에서 만난 한 소년을 매우 선명하게 기억한다. 그 작은 아이는 소아마비를 앓았는지 심하게 녹슨 부목을 다리에 차고, 녹슨 금속 목발을 겨드랑이에 끼고 있었다. 아이를 돌봐 줄 사람이 없다는 것은 너무나도 자명했다. 몹시 슬픈 일이었다. 잠시 뒤 차를 마시기 위하여 잠깐 멈추었을 때는 한 노인을 만났다. 노인은 아주 더러운 천 조각을 걸친 채 그저 조용히 누워만 있었다. 그 역시 관심을 가져 주는 이가 없었다.

병원에 도착한 후에도 나는 오는 길에 보았던 장면들을 머릿

속에서 지울 수가 없었다. 나에게는 돌봐 줄 사람이 있지만 그들에게는 아무도 없다는 사실이 얼마나 슬픈 일인지 생각했다. 통증으로 땀을 비 오듯 흘렸지만 생각은 그곳에만 집중되어 있었다. 잠을 자지 못할 정도로 몸이 매우 고통스러웠지만, 마음은 어떠한 두려움이나 불편함도 느끼지 않았다. 만일 나의 문제에만 매달렸더라면 상황은 보다 심각해졌을지 모른다. 이것이 바로 자비심이 어떻게 자신을 돕는지 보여 주는 작은 예다. 비록 내가 그 사람들을 직접적으로 돕지는 못했을지라도 자비심은 일정 정도 육체적 고통을 억누르고 정신적 고통으로부터 떨어져 있게 도와주었다.

자비심은 사고방식을 강화시켜 주고, 이를 통해 우리는 보다 편안해질 수 있다. 우리가 무한히 존재하는 생명의 고통까지도 볼 수 있다면 자신의 고통은 상대적으로 작게 느껴질 것이다.

제2장

두려움으로부터의 해방

그대의 삶은 죽음의 온갖 원인 가운데 놓여 있다.
등불이 세찬 바람 속에 서 있는 것처럼….

나가르주나, 《보행왕정론》

• • •

제1대 빤첸라마가 지은 열일곱 연의 시는 많은 티베트 사람들
이 날마다 죽음에 대해 명상을 하며 사용하는 시다. 이 시는 〈중
음도^{中陰道}의 위험한 곤경에서 해방되고자 하는 기원문, 두려움에
서 해방된 영웅〉*이라는 긴 제목을 가지고 있다. 강도나 흉악범,
야생동물에 둘러싸였을 때와 같은 두려운 상황에서 벗어나기
위해서는 영웅적이고 유능한 안내자가 필요하다. 마찬가지로
죽음의 순간과, 중음도에 있는 동안 일어날 환영이 줄 공포에서
벗어나기 위해서는 이 시의 조언에 따라 수행해야 한다.

　세1대 빤첸라마의 시는 우리에게 그러한 두려움으로부터 벗
어날 수 있는 심오한 방법을 가르쳐 줄 것이다. 시를 끊임없이
되새김으로써 죽음이 어떻게 일어나는지 배우게 될 것이고, 죽

⎯

◆　티베트어로는 *bar do 'phrang sgrol gyi gsol' debs 'jigs sgrol gyi dpa' bo*이다.

음이 실제로 일어나는 동안 유용하게 쓰일 지식을 얻게 될 것이다. 죽음은 심층의 마음이 그 모습을 드러내는 때이며, 이 시를 매일 읽고 수행하는 것은 그런 심층의 마음을 사용할 수 있도록 문을 열어 준다.

이 시는 어느 누구라도 죽음이 닥쳤을 때, 마음이 선을 향해 나아가는 데 도움이 되었으면 하는 바람을 담고 있다. 어떤 이들은 죽음의 순간, 자신들이 태어나고자 하는 다음 생으로 이끌어 줄 (선한 성품을 활성화하고 강력하고 선한 동기를 일으킬) 방법을 추구한다. 그들의 목표는 내생에 태어날 때 종교적 수행을 계속할 수 있는 좋은 환경에서 환생하는 것이다. 또 어떤 이들은 심층의 마음을 현현하게 하여 죽음의 순간 보다 높은 영적인 단계를 성취할 방법을 찾는다. 이러한 수행자들은 다른 이들에게 봉사하는 것을 최고의 목표로 삼는다.

제1대 빤첸라마는 죽음과 중음도 그리고 환생의 과정 동안 우리가 깨어 있을 것을 시에서 기원하고 있다. 그는 그 순간의 수행을 최고의 경지, 중간 그리고 낮은 경지의 세 단계로 나누어 설명하면서 각각의 단계에서 우리가 무엇을 해야 하는지 상세히 조언하고 있다. 우리는 이를 통해 남은 삶 동안 알맞은 수행 방법을 선택함으로써 죽음의 순간에 이르렀을 때 각각의 단계를 성공적으로 통과할 수 있게 될 것이다.

하지만 이러한 수행들을 실천하지 않는다면 죽음이 실제로 다가왔을 때 그 순간 아무리 유익한 생각을 떠올리려 해도 소용 없을 것이다. 행복하고, 삶을 둘러싼 환경이 수행에 적합한 바로 지금이 수행하고 죽음을 준비해야 할 때다. 그렇게 된다면 진정 수행이 필요하고 죽음이 압박하는 바로 그 순간, 더 이상 두려워 할 필요가 없을 것이다.

듣고 생각하고 명상하고 질문할 수 있을 때 준비하지 않는 다면 생의 마지막 날, 마음에 여유가 전혀 남아 있지 않을 것이 다. 스스로를 보호할 수도 없고 의지할 곳 또한 없을 것이다. 남 는 것이 있다면 후회뿐이다. 그러므로 죽음이 오기 아주 오래전 부터 죽음의 과정과 중음도에 대하여 깊게 생각하는 수행을 반 복해야 한다. 죽음의 단계들을 항상 마음속에 떠올리다 보면 죽 음의 단계들이 점차 익숙해질 것이고, 죽음의 과정을 통과하는 동안 우리가 가진 최대한의 능력을 보전한 채 바라던 것을 얻게 될 것이다. 그러므로 반복적인 수행은 매우 중요하다.

단순히 죽음의 과정에 대해 상세히 알고 어떻게 수행하면 되 는지를 이해하는 것만으로는 충분하지 않다. 몇 달이건, 몇 년이 건 반복된 수행을 통해 실제로 몸에 배어야 한다. 우리의 모든 조건이 이와 같은 수행에 적합할 때 즉, 모든 감각기관이 명료하고 숙고할 수 있는 능력이 퇴보하지 않았을 때에 선한 습관이 들어 있지 않고 수행할 준비가 되어 있지 않다면 죽음을 맞닥뜨렸을 때 마음은 걷잡을 수 없이 낯선 길을 따라가게 된다. 그때는 의지도 마음을 제어하기가 무척 힘들어진다. 죽음에 이르면 누구나 육신이 병들어 쇠약해지고 엄청난 두려움으로 인해 침울해지기 마련이다. 그렇기에 바로 지금, 죽음과 관련된 수행에 익숙해질 필요가 있다. 그 절박한 순간에는 어떠한 대안도 없고, 어떠한 약물도 당신을 도울 수 없다.

이러한 수행을 터득하려는 노력은 선하거나 선하지 않은 행위와 직결된 희노애락의 경험적 확신에서 비롯한 내적 동기에 달려 있다. 그러니 처음부터 행위의 원인과 결과 또는 업(카르마)에 대한 이해를 개발하는 것이 중요하다. 이는 선한 행위는 잘 길들여진 마음에서 나오며, 악한 행위는 길들여지지 않은 채 제멋대로 날뛰는 마음에서 나온다는 사실을 인식하는 데서 시작된다.* 덕이 있는 행위건 덕이 없는 행위건, 그것을 수행하는 것은 몸과 말과 마음이며 그중에서도 마음이 가장 중요하다. 그래서 불교의 모든 수행은 마음을 바꾸는 것을 그 뿌리로 하고 있고, 가르침의 요체 또한 마음을 길들이는 데에 있다. 이의 기초는 스스로가 즐거움과 고통의 창조자임을 인식하는 것이다.
붓다께서는 이렇게 말씀하셨다.

모든 붓다는 악한 행위를 물로 씻어 버리거나
윤회하는 이들이 스스로 만든 고통을 없애 주거나
자신들의 깨달음을 다른 이들에게 전해 주지 않는다.
모든 존재는 세상의 본질, 진리의 가르침을 통해서
자유로워질 수 있다.

오직 당신만이 당신을 지킬 수 있다. 당신을 편하게 하는 것
도, 불편하게 하는 것도 당신의 손에 달려 있다.

◆ 여기서 길들이기^{taming}란 원숭이처럼 산만하게 이리저리 오가고, 훼방을 놓거나 계율을
어기려는 마음을 조금씩 길들이는 것이다. 인도에서는 코끼리를 길들일 때 똑같은 길이
의 줄에 다리를 묶어 둔다. 그러면 나중에 줄을 풀어 주어도 코끼리는 그 줄의 길이 이
상을 벗어나지 않는다. 이처럼 산란한 마음을 길들인다는 뜻이다.

⠇   빤첸라마 계보의 현황

제1대 빤첸라마, 로상 초끼 겔첸은 17세기 제5대 달라이라마의
스승이었다. 그는 평범한 스님이었지만, 그 지역 사람들과 그의
스승은 그를 위대한 티베트 요가 수행자 엔사바*의 환생이라고
믿었다. 그는 위대한 학자는 아닐지 몰라도 위대한 수행자임에
는 틀림없었다. 또한 자신의 스승 상게 예쉐와 마찬가지로 티베
트불교의 여러 종파로부터 진정한 존경을 받았다. 우리는 상게
예쉐가 집필한 여러 책에서 다양한 종파에서 기원한 전문 용어
들을 볼 수 있었다. 그리고 이처럼 다른 종파에 대해 열려 있는
스승의 태도가 빤첸라마 로상 초끼 겔첸의 수행에도 영향을 미
쳤다. 그는 티베트불교의 각 종파 사이의 조화와 상호존중에 있
어서 지대한 공헌을 했다.

　제10대 빤첸라마인 로상 틴리 룬둡 초끼 겔첸은 1989년 열
반에 들었다. 그는 안도라고 불리는 티베트의 동북 지방에서 태

◆　엔사바 로상 뙨둡^{dben sa ba zlo bsang thon drub}(1505~1566), 매우 유명한 겔룩파의 딴뜨라 수
　행자.

78

어났는데, 그를 선대 빤첸라마의 환생신으로 선택하는 과정에서 약간의 논란이 있었다. 티베트의 서쪽 지역에 위치한 따쉬룬뽀 사원의 파견단은 암도에 이르러, 그가 제9대 빤첸라마의 환생신이 분명하다고 최종 결론을 내렸다. 그때, 중국 정부는 티베트와 맺었던 17개 조항을 들고 나와 이미 자기들이 정한 소년을 제10대 빤첸라마로 인정해야 한다고 주장했다. 이렇듯 그를 제9대 빤첸라마의 환생신으로 인정하는 데에는 약간의 논란이 있었지만, 그는 티베트불교와 티베트인들을 보살피는 용기 있는 행동을 보임으로써 스스로 위대한 영웅임을 입증했다.

내가 제10대 빤첸라마를 만난 것은 1952년이었다. 그는 매우 순진무구하고, 성실하며, 쾌활했다. 1954년에 빤첸라마와 나는 함께 중국으로 갔다. 그는 시가체에서 라사로 올라와 나와 함께 며칠을 보냈다. 그는 암도 지방을 통해 중국으로 갔고, 나는 콩포를 통해 갔었는데 아마도 그의 사무관들 가운데 몇몇이 불만이 있어서 그의 태도가 약간 변한 것 같다.♦

1956년 붓다 탄생 2,500년 기념일에 우리가 함께 인도로 갔을 때에도 여전히 그것(불편함)을 보여 주는 몇몇 작은 일이 있었다. 그러나 중국 군대와 티베트 사이의 큰 전투가 1957년과 1958년에 캄과 암도에서 일어났을 때, 중국 군대의 흉포함이

제10대 빤첸라마의 귀에까지 들어갔다. 그 사건을 계기로 그는 모든 티베트인이 이 새로운 위협에 맞서서 단결해야 한다는 것을 완벽하게 그러나 뒤늦게 깨달았다. 내가 마지막 시험을 준비하고 있을 때** 빤첸라마는 믿을 만한 관료직 승려를 통해, 자신의 출생지에서 일어났던 사건을 계기로 자신의 생각이 크게 바뀌었음을 내게 전했다. 이 새로운 위협하에, 그는 시가체에 있는 자신의 사원은 티베트 정부와 일할 것이라고 단호히 결정했다.

1959년 내가 인도로 탈출할 때 빤첸라마는 티베트 내의 지도자로서 제자리를 지켰고 그 후 몇 년 동안 매우 훌륭히 일을 수행했다. 결국 그는 체포되어 감금되었다. 석방된 뒤로는 자신이 가진 기회를 매우 현명하게 이용했다. 티베트의 불교와 문화를

◆ 제10대 빤첸라마는 라사로 달라이라마를 방문했다. 빤첸라마는 중국 관료들을 대동하고 왔다. 그때 빤첸라마는 달라이라마에게 전통적인 방식으로 예를 올렸는데, 이 일에 대해서 중국 관료들은 불만이 많았다고 한다. 달라이라마에 따르면, 중국 관료들은 빤첸라마가 달라이라마와 대등한 자리에 앉아야 한다고 생각한 것 같다. 그 일이 있은 후 빤첸라마의 태도가 비우호적인 쪽으로 비꿔었다고 한다. (H. H. Dalai Lama, *My Land and My People*, Warner Books, 1998.)

◆◆ 달라이라마가 되기 위해서는 겔룩파의 수장이 될 만한 뛰어난 학식과 수행 또한 갖추어야 한다. 지금의 달라이라마는 엄격하고 혹독한 수업과 수행을 거쳐 23세가 되던 1959년, 라사의 조캉 사원에서 마지막 게쉐 시험을 치뤘고 그해 시험을 통과한 게쉐 가운데 가장 뛰어난 게쉐인 하람빠 게쉐의 영예를 받았다.

진작시키기 위해 할 수 있는 모든 노력을 다 쏟았다. 내가 "현명하게"라고 말하는 것은 그가 티베트 독립과 같은 민감한 문제는 건드리지 않았지만 대신 자신의 모든 힘을 쏟아 티베트불교와 문화를 보전하는 데 힘썼기 때문이다. 때로 그는 중국 옷을 입고 중국 말만 하는 티베트인들을 신랄하게 비난했다. 이러한 티베트인의 경우, 티베트의 전통 복장을 입고 티베트어를 사용하게 만들었다. 이러한 행동을 통해 그는 자신이 제9대 빤첸라마의 환생신임을 증명했다.

그의 죽음은 너무나 갑작스럽고 도저히 받아들일 수 없는 때에 일어났다. 나는 몹시 슬펐다. 살아 있을 때 그는, 내가 티베트 밖에서 티베트를 위해 할 수 있는 모든 노력을 쏟고 있는 동안 티베트 안에서 티베트인을 위해 자기 목소리를 냈던 유일한 지도자였다. 그를 잃은 지금, 이제 티베트 내에는 그가 한 일들을 대신할 사람이 없다. 있다 해도 너무 늙었거나 겁에 질려 있다. 그의 죽음은 크나큰 손실이다.

그가 열반에 들자마자 나는 중국 정부에 메시지를 보내 빤첸라마의 사원인 따쉬룬뽀 사원에 공양을 올릴 대표단을 파견하고 싶다고 했지만 중국 정부는 허락하지 않았다. 몇 년이 지난 뒤에도 중국 정부에 빤첸라마의 환생신을 찾을 대표단을 파견하게 해 달라고 했지만 또 거부당했다.

명백한 점은 빤첸라마의 환생신은 반드시 진정한 빤첸라마의 환생신이어야 한다는 것이다. 그 당시 몇몇 티베트인은 티베트 밖에서 빤첸라마의 환생신을 찾아야 한다고 말했지만 나는 그들의 동기가 정치적이라고 생각했다. 진정 중요한 것은 빤첸라마의 진정한 환생신을 찾는 일이다. 만일 그의 환생신이 티베트 내에 있다면 그의 거취에 대해 중국 정부와 상의해야만 한다는 점을 나는 알고 있었고 그래서 환생신 탐색 대표단을 파견하고 싶었다.

이러한 요청은 거부되었지만, 비공식적이고 개인적인 통로를 통해 한 라마와 연락할 수 있었다. 차델 린뽀체. 그는 몇 장의 사진과 스물다섯 명 이상의 후보자 명단을 보내 왔다.

겐둔 최끼 니마의 사진을 보자마자 나는 친숙함을 느낄 수 있었다. 그 뒤 몇몇 신탁을 통해 그가 바로 진정한 환생신임을 알 수 있었다. 마지막으로 나는 밀가루 반죽 덩어리에 후보자의 이름을 적은 종이를 말아 넣고 사발에 담아서 돌리는 신탁을 행했다. 그의 이름이 들어 있는 반죽 덩어리는 마지 사발에서 날아오르듯 튀어 올랐다.* 이러한 티베트의 전통적 과정을 통해 나는 그가 제10대 빤첸라마의 진정한 환생신임을 인정했다.

그러나 이 사실을 발표하지는 않았다. 시간이 지나면서 점점 더 많은 티베트인, 특히 티베트 내 사람들이 내게 결정을 내려 줄 것을 요청했다. 나는 끝까지 중국 정부와 대화하려고 노력했지만 소용없는 일이었다. 결국 빤첸라마와 특별한 관계가 있는 날인, 붓다께서 시륜^{時輪} 딴뜨라(깔라짜끄라 딴뜨라)에 대한 가르침을 폈던 날에 맞추어 후대 빤첸라마에 대해 발표하는 편이 적절하다고 생각했다. 나는 그 전에 다시 한 번 밀가루 덩어리 의식을 행하여, 발표를 하는 것이 옳은지를 물었고 긍정적인 대답을 얻었다.

나는 발표를 했고, 바로 그다음 날 우리를 지배하고 있는 중국 정부로부터 신랄한 비난을 받았다. 그렇지만 나를 무섭게 만들었던 것은 며칠 뒤 그 어린 환생신이 자신의 부모와 함께 출생지에서 라사로 압송되었다는 사실이었다. 그들은 다시 중국으로 끌려갔고, 그 뒤의 소식은 알 길이 없다.

몹시 슬펐다. 중국 정부의 관점에서 볼 때 불법적인(그러나 합법적인) 나의 행동이 소년을 몹시 괴롭힌 결과가 되고 말았으니까.

◆ 26쪽에서도 언급되었지만, 신탁 과정에서는 최종 후보자들의 이름이 적힌 밀가루 반죽 덩어리를 사발에 넣고 돌린 다음 마지막으로 사발 안에 남아 있는 이름을 선택하게 된다.

중국 정부는 최종 결정권이 자기들에게 있어야 한다고 여긴다. 환생신 후보자들 간의 차이가 거의 없어 티베트 내 집단 간에 이 문제에 대한 논쟁이 있었을 때 중국이 개입한 경우가 과거 몇 번 있기는 했다. 불교도이며 티베트불교를 보호했던 중국 황제들이 그런 요청을 받았는데, 그러면 중국 황제는 불상 앞에서 황금 단지 안에 후보자들의 이름을 써 넣은 막대기를 집어넣고 제비뽑기를 하여 최종 결정을 내렸다. 그러나 이는 티베트 내 종교적인 의견 차이가 있을 때로 국한된 일이다.

나의 선임자 제13대 달라이라마는 외부에 상의하지 않고 비밀리에 티베트 정부에 의해 전통적인 과정을 거쳐 만장일치로 선택되었다. 제13대 달라이라마에게 제9대 빤첸라마를 선별해줄 것을 요청했을 때, 그는 후보자들 가운데 제9대 빤첸라마를 선별해 냈지만 그때 선대 달라이라마는 너무 어려서 권위가 완벽하지 않았다. 티베트인들은 될 수 있으면 문제를 쉽게 풀고자 하기 때문에, 황금 단지 신탁을 외부에 요청했다. 신탁은 중국 대사의 손에 넘어갔다. 하지만, 제13대 달라이라마가 뽑았던 인물과 동일한 인물이 뽑혔다.

티베트인들은 중국 황제를 신임했기에, 티베트인을 수호하고 지지하는 사람을 몇몇 중요한 종교적 행위에 참여시키는 것

은 당연한 일이었다. 그러한 상황은 현재의 중국 정부와의 관계
에 있어서는 완전히 바뀌었다. 그들의 최우선 목표는 지배이기
때문이다. 현 대 빤첸라마와 관련하여, 중국 정부는 어용 빤첸라
마를 뽑기 위하여 황금 그릇 제비뽑기를 했지만, 결과는 미리 정
해져 있었다. 어용 빤첸라마와 그의 부모는 대중 발표 전에 사원
에서 미리 기다릴 것을 명령 받았다. 중국 정부는 티베트불교의
지도자이며, 황금 그릇 안에서 막대기를 골랐던 승려를 가택연
금했다. 이것은 분명히 전체주의적인 일이다.

　　나는 몇 차례에 걸쳐 중국의 공식 빤첸라마, 걀쩬 놀부의 영
상을 본 적이 있다. 그도 괜찮아 보인다. 한 비디오테이프에서
그는 장수 의례*와 관련한 설명을 하고 있었다. 그는 그 의례의
의미를 정확하게 알고 있었고, 장수 의례의 의미를 잘 설명했다.

⋮　　시에 대한 전반적인 소개

제1대 빤첸라마가 지은 열일곱 연의 시는 죽음의 공포를 극복

—

◆　　長壽 儀禮. 장수를 기원하는 불교 의례.

하고, 죽음의 순간을 영적인 진보로 사용하기 위한 불교의 특별한 가르침에 대해 이야기하고 있다. 내적이고 정신적인 경험과 육체적 변화에 대해 기술한 이 시는 죽음과, 마음의 보다 깊은 층위에 관심을 갖는 이들에게 큰 도움이 될 것이다. 더불어 죽음을 둘러싼 문제들에 관심을 두고 불교학자나 수행자들과 함께 연구하는 과학자들에게 하나의 전거가 되었으면 한다.

일반적으로 과학자들은 마음을 몸의 소산이라고 보지만, 몇몇 전문가들은 마음을 몸에 영향을 줄 수 있는 보다 독립적인 개체로 인정하기 시작했다. 증오와 같은 강한 감정이 몸에 영향을 줄 수 있다는 것은 명백하다. 하지만 근래의 실험들은 믿음의 개발, 자비심, 삼매, 공성에 대한 명상 또는 티베트불교의 닝마파 전통에 있는 특별한 명상법에 관한 것인데, 이는 모두 의도적인 마음 수련을 위한 독특한 수행법이다. 이러한 실험들은 정신적인 훈련이 고유한 기능을 가지고 있으며, 몸에 영향을 줄 수도 있고, 심지어 몸의 감각을 둔하게 할 수도 있다는 점을 보여 준다. 간호사들, 특히 호스피스로 일하는 사람들과 죽음이 임박했을 때 나타나는 징후에 대해 상의해 보는 것도 좋은 방법이라고 생각한다.

빤첸라마의 시 가운데 처음 일곱 연은 죽음이 어떻게 다가

오는가를 설명하고 있다. 1연에서 붓다와 그의 법 그리고 승가에 대한 귀경게를 마친 뒤, 2연과 3연에서는 현재의 삶을 특별한 수행을 위한 좋은 기회로 삼는 것이 얼마나 가치 있는 일인지 이야기한다. 특히 현재의 무상함에 대한 명상을 통해 쏜살같이 지나가는 경험들에 대한 과도한 집착을 없애고, 지금의 소중한 상황을 어떻게 활용할 것인지 설명한다. 4연과 5연은 죽음의 시간이 가까워졌을 때 나타나는 고통과 환상들에 대해 이야기하고, 이에 잘 대처할 수 있는 방법에 대해 설명한다. 6연과 7연은 자신이 수행했던 것을 기억하고 기쁨의 상태를 유지함으로써, 실제 죽음에 이르렀을 때 가장 좋은 조건을 성취할 수 있도록 안내한다.

8연, 9연, 10연은 죽음에서 처음 맞이하게 되는 네 단계에서 일어나는 형상들과 이를 어떻게 명상으로 이어 갈 것인지 상세히 설명한다. 이 부분에서는 의식과 그와 관련된 경험들을 지탱하는 물질적 요소들이 어떻게 무너져 내리는지, 그 과정에 대한 지식이 필요하다. 11연에서는 세 가지 깊고 미묘한 마음들이 어떻게 드러나는지 설명한다. 특히 이 책의 제7장에서는 이에 덧붙여 무상요가 딴뜨라를 인용하여 몸과 마음의 구조를 펼쳐 놓는다.

12연과 13연은 청명한 빛을 지닌 근본적이고 본래적인 마음에 대한 축적적인 경험을 말하고 있다. 이는 가장 깊은 단계의 마음으로 모든 생명의 바탕이기도 하다.

마지막 네 연은 죽음 이후와 내생 이전의 중음 단계를 이야기하며, 그 상태에서 일어날 수 있는 무서운 사건들에 어떻게 대응해야 하는지를 설명하고 있다.

이상에서 보았듯 열일곱 연 모두 바람직하지 못한 상태를 제거하고, 바람직한 조건을 획득하며, 죽음의 시간 동안에 어떻게 수행할 것인지 이야기한다. 또한 이전 삶과 다음 삶의 중음 단계를 어떻게 다룰 것이며, 내생에 어떻게 영향을 미칠 것인가에 대해 설명함으로써 죽음을 준비하기 위한 총체적인 견해를 제시한다.

시의 시작

스승 문수보살께 귀의합니다.

본격적으로 시를 시작하기 전에 제1대 빤첸라마는 우선 문수

보살에게 귀의를 표한다. 문수보살은 모든 붓다들의 지혜의 화현이다. 빤첸라마는 문수보살과 자신의 스승이 다르지 않다고 여기고 있다. 그렇다면 왜 그가 문수보살에게 귀의를 표했을까?

길한 죽음과 중음도 그리고 심지어 몇 생 이후에 일어나게 될지 모를 불성의 성취까지도 죽음의 청명한 빛에 대한 성공적인 수행에 그 뿌리를 두고 있다. 여기에는 두 종류의 수행이 있는데, 하나는 자비심의 수행이고 또 다른 하나는 반야지般若智의 수행이다.♦ 죽음의 과정에서 일어나는 청명한 빛의 수행은 반야지의 수행에 속한다. 그러므로 죽음의 청명한 빛에 대한 수행은 진아眞我 혹은 참나와 현상의 자성이 공하다는 것을 깨닫는 심오한 통찰을 수반한다. 그리고 이러한 가르침은 우리의 스승 석가모니 붓다로부터 문수사리보살을 통해 전해진 것이다. (자비로운 마음가짐과 몸가짐에 대한 가르침 역시 석가모니 붓다로부터 전해지는 것이지만, 미륵보살과 관세음보살을 통해 우리에게 전수되었다.) 그러므로 죽음과 현재 삶과 다음 삶 사이의 중음도에 대한 성공적인 수행은 주로 반야지에 해당하는 것이며, 이러한 이유에서 빤첸라마는 문수보살께 귀의를 표한 것이다.

—

♦ 자비심과 반야지의 수행은 대승 수행을 완성하는 두 날개다.

이렇게 지혜의 화신인 문수보살께 귀의한 뒤에 본격적으로 시가 시작된다.

제1연

과거, 현재, 미래의 붓다와 법 그리고 승가 모두에

나를 비롯해 허공에 걸쳐 있는 중생 모두 남김없이

최고의 깨달음을 얻을 때까지 귀의합니다.

현재의 삶과 중음도, 내생의 공포로부터

벗어날 수 있기를 기원합니다.

불교도들은 스스로 깨달음을 성취하겠다는 자각의 마음가짐으로 붓다를 스승으로서 귀의하고, 붓다의 깨달음과 깨달음에 대한 가르침을 실질적인 의지처로서 귀의하며, 승가를 귀의처로 안내해 주는 공동체로서 귀의한다. 불교도들은 이러한 교리를 완전하게 소화시키는 것만이 자신을 괴로움에서 지켜 줄 수 있다고 확신한다. 그러므로 그들은 삼보三寶 즉 붓다, 붓다의 가르침 그리고 승가가 궁극적인 귀의처라고 생각하는 것이다.

오직 자신만의 고통을 덜고 자신만 윤회에서 벗어나 자유롭고자 해서 귀의하려 한다면, 이는 이타적인 귀의에 적합하지 않다. 누군가가 그렇다면 그는 시야가 그다지 넓지 않음을 스스로 인정하는 셈이다. 삼보에 귀의하겠다는 마음가짐은 반드시 모든 중생들을 위한 것이어야 하고, 그들이 고통으로부터 자유롭고 불성을 성취할 수 있기를 기원하는 마음에서 비롯되어야 한다. 또한 다른 이들을 돕는다는 근본적인 목표를 성취하기 위하여 불성이라는 일체지를 추구해야 한다.

우리는 우주 전체에 걸쳐 있는 모든 중생을 염두에 두어야 하고, 궁극의 또는 최고의 깨달음을 추구해야 한다. 최고의 깨달음이라는 것은 편협한 시야를 가진 수행자의 한계를 극복하는 것인 동시에, 윤회로부터의 자유를 방해하는 장애뿐만 아니라 일체지를 방해하는 장애를 제거하는 것이기 때문이다. 최고의 깨달음 또는 최상의 열반은 편협한 양극단을 넘어서야 한다. 여기서 양극단이란 생로병사를 끊임없이 반복하며 정처 없이 떠도는 윤회 속의 삶과, 자신은 고통의 굴레에서 자유롭지만 다른 중생까지 도울 능력은 아직 갖추지 못한 소승적 열반을 말한다.◆

제1대 빤첸라마는 이 시를 읽는 독자에게 붓다(불佛), 붓다의 가르침(법法) 그리고 깨달은 분들의 성스러운 모임(승僧)의 삼보ᄃ

※에 귀의해 다른 중생을 괴로움에서 해방시킬 최상의 깨달음을 얻으라고 조언하고 있다. 이것이 바로 '원인적 귀의'라고 불리는 것이다. 실제로 다른 중생의 마음속에 이미 존재하는 삼보에 귀의하는 것이다. 즉, 괴로움은 멈출 수 있다는 것과 그들이 그들의 괴로움을 극복하기 위해 실현시킨 괴로움이 멈춘 상태에 대한 투철한 믿음을 지니는 것이다. 실제로 우리는 다른 이들의 마음속에 자리 잡고 있는 삼보를 본보기로 하여 귀의한다. 즉 다른 사람들이 고통을 극복하기 위해 실천해 왔던 고통의 소멸과 영적인 상태에 믿음의 근거를 두는 것이다. 삼보를 받들고 있는 이들에게 청원하는 것은 그들의 자비심을 불러일으킨다. 그것은 그들의 마음속에서 자비심을 불러일으킴으로써 가능한 것이 아니라, 스스로의 마음을 자비심을 향하여 엶으로써 가능하다.

　우리는 원인적 귀의를 통해 붓다께서 가르친 교리를 본보기 삼아 승가와 더불어 높은 깨달음을 수행하고 있는 것이다. 우리는 영적인 길을 구현하고 있는 것이며, 온갖 양상의 고통을 멈추

◆　까말라쉴라는《수행의 단계》에서 "수행을 시작할 때 중생을 끊임없는 삶의 고통에서 건지기 위해 깨닫겠다는 자비를 기반으로 한 깨달음의 마음, 즉 보리심의 수행을 서원하고 수행의 중간과 마지막까지 이어 나가서 열반이라는 극단과 윤회라는 다른 극단에 머물지 않는 무주처열반無住處涅槃을 대승 수행의 최고 경지"라고 설명한다.

는 방법을 구체화하는 것이다. 이렇게 해서 우리는 스스로를 최고의 깨달음을 얻은 분들의 모임인 승가의 일원으로 만드는 것이고, 이를 통해 우리를 가로막아 윤회에 맴돌게 하는 장애물(번뇌의 장애)을 차근차근 제거할 수 있다. 더 나아가 일체지를 가로막는 장애(지혜의 장애)를 걷어 내고 붓다의 경지를 이룰 수 있다. 우리는 모든 공포로부터 벗어나고, 일체지를 성취하기 위해 노력해 왔다. 그러므로 다른 이들의 성향을 알고 어떠한 방법으로 그들을 도와야 하는지도 이해하고 있다. 이러한 '결과적 귀의'를 위하여, 1연은 자비심을 불러일으킬 귀의의 원인적 바탕을 청원하고 있는 것이다.

귀의는 불교 수행의 시작이며, 빤첸라마의 시에 있는 첫 번째 소원 역시 그것과 관련된다. 귀의를 하지 않고서는 불교의 다른 수행들도 성공적으로 성취하기 어렵다. 그렇지만 삼보에 대한 완전한 믿음만이 전부는 아니다. 붓다께서는 "나는 너희에게 자유로 향하는 길을 가르친다. 그러나 자유 그 자체는 너희들에게 달려 있음을 알아야 한다."라고 말씀하셨다. 붓다는 단지 그 길을 가르치는 스승일 뿐, 선물을 주듯 우리에게 깨달음을 주지는 않는다. 그것은 스스로 계율과 선정 그리고 지혜를 닦았을 때에 가능하다.

예를 들어 진언 '옴마니밧메훔'을 외우는 것에 대하여 생각해 보자. 이 진언 외우기는 모든 중생을 위하여 우리 안에 있는 자비심을 일으키기 위한 수행이다. 이 수행의 가치는 스물한 번, 백팔 번 또는 그 이상을 외워 한 단락을 마친 뒤에, 모든 붓다의 자비심의 화현인 관세음보살과 관련된 다음과 같은 기도문을 낭송함으로써 비로소 봉헌된다.

이 수행의 모든 공덕을 통해
제가 관세음보살과 같은 단계를
하루 속히 얻을 수 있기를 기원합니다.
이는 모든 중생들이 같은 단계를 얻을 수 있도록 돕기 위함입니다.

그러나 '옴마니밧메훔'만 외운다고 해서 불성이 얻어지는 것은 아니다. 이런 모든 수행이 진정한 이타행과 함께 이루어졌을 때에야 성불의 원인이 되는 것이다. 마찬가지로 훌륭한 스승의 가르침을 받음으로써, 심지어 그를 바라보거나 만지는 것만으로도 좋은 영향을 받을 수 있다. 이러한 모든 것이 보다 깊은 영적인 경험을 개발할 수 있도록 도와줄 것이다.

나는 나의 스승, 용진 링 린뽀체와 공식적인 만남을 시작할 때나 서로의 이마를 맞대거나 그의 손을 잡아 내 이마에 닿게 할 때, 보다 더 큰 믿음과 연결되었다는 강하고 친밀한 느낌을 받는다. 붓다께서 살아 계실 당시, 그분을 진심으로 존경하고 사랑한 사람들은 붓다의 발을 만지는 것으로 그 마음을 표현했다고 한다. 이는 확실히 그들에게 어떠한 이익을 주었을 것이다. 하지만 붓다의 발을 잡거나 이마를 맞대었다 하더라도, 붓다에 대한 존경심이나 믿음이 없는 사람은 어떠한 축복도 받지 못할 것이다. 분명 스승이 해야 할 일이 있지만, 어떤 일은 가르침을 받는 제자의 편에서 해야만 한다.

티베트 암도 지방의 한 훌륭한 라마는 수행자들이 자신의 손을 그들의 머리 위에 얹고 축복해 주기를 바랄 때 이렇게 말한다.

"손 또한 고통이라는 자성을 가지고 있다. 나는 이러한 손을 그대들의 머리 위에 얹어서 깨달음을 줄 수 있는 사람이 아니다."

1. 수행 동기는 모든 살아 있는 중생의 이익을 위한 것이어야 한다. 요컨대 중생이 깨달음의 성취를 이루고 고통에서 벗어나도록 돕기 위한 것이어야 한다. 마음가짐을 가능한 한 다른 이들을 돕는 쪽으로 맞춘다.

2. 붓다들은 영적인 길을 가르치신 스승이다. 그렇다고 해서 선물 주듯 깨달음을 주지는 않는다. 스스로 계율과 선정과 지혜를 매일 수행할 때 그것은 가능하다.

제3장

죽음의 준비

모든 것을 남겨 놓고
떠나야 한다는 것을 알지 못한 채
나는 친구를 위해, 적을 향해
온갖 나쁜 짓을 했었다.

붓다

• • •

제2연

얻기는 힘들고 잃기는 쉬운 이 좋은 기반은

이익과 손실, 안락과 고통 가운데 선택할 기회를 주기에

우리가 이 삶의 의미 있는 정수를

이 삶 속의 어리석은 일들에 의해 산란되지 않고

삶을 지탱할 수 있기를.

　수행을 성공적으로 마치기 위해서는 자신의 안팎으로 바람직한 환경을 만드는 것이 무엇보다 필요하다. 그리고 누구나 이미 그것을 가지고 있다. 예를 들어, 우리 인간은 가르침에 대한 이해를 뒷받침할 수 있는 몸과 마음을 지니고 있다. 또한 이를

통해 가장 중요한 내적인 조건들과 마주쳐 왔다. 외부적으로는 수행을 전수받아야 하고, 수행할 자유가 있어야 한다. 누군가가 이러한 환경을 갖추기 위해 노력을 아끼지 않았다면, 그 사람의 목표 성취는 보장된 것이나 마찬가지다. 그렇지만 힘써 노력하지 않았다면 이 모든 조건은 그저 쓰레기에 불과하다. 우리는 이러한 조건을 소중하게 여겨야 한다. 이러한 조건들이 없었다면 기회조차 얻을 수 없었을 것이기 때문이다. 그러므로 현재 우리가 받은 조건에 만족해야 한다.

우리는 올바른 외적 환경은 물론, 수행에 적합한 신체적 조건을 가지고 있다. 그렇기에 스스로 수행에 대한 열망을 가지고 자신의 삶을 가치 있게 만들어 갈 수 있는 것이다. 아니 어쩌면 반드시 그래야만 하는 것이고, 바로 지금이 그렇게 할 시간이다. 이러한 기회를 잘 활용하여 이익이 되는 원인들에 매진한다면 보다 많은 것을 성취할 수 있다. 그렇지 않고 탐욕, 증오, 어리석음의 삼독三毒을 수행의 동기로 삼는다면, 공덕 없는 원인에 힘을 기울이게 되어 아주 다양한 형식의 질 나쁜 결과들만 성취하게 될 것이다.

인간과 같은 최상의 기반을 갖지 못한 다른 중생들이 스스로의 힘으로 공덕을 쌓기란 거의 불가능하다. 매우 드문 경우기는 하지만 가끔은 동물도 덕이 있는 행동을 한다. 그렇다 해도 그들 스스로 생각하여 그런 일을 했다고 볼 수는 없다. 동물들이 탐욕이나 증오에서 벗어난 행동을 한다 하더라도, 그것은 한시적으로 또는 인식하지 못한 채 피상적으로 행한 일에 불과하다. 마찬가지로 강력한 힘과 다양한 방법을 동원해 악한 행동이나 폭언을 하지도 못한다. 반면 인간은 다양한 시점에서 사고할 수 있으며, 지성이 동물들보다는 효율적이기 때문에 방대한 분야에 걸쳐 선과 악을 함께 취할 수 있다.

우리에게 주어진 인간이라는 조건을 좋은 일을 위해 사용한다면 그것은 매우 강력한 힘을 가질 수 있다. 또한 좋은 행동을 하기 위해 항상 조심하고 노력한다면 지금의 삶과 다음에 올 삶의 목표를 쉽게 성취할 수 있을 것이다. 그렇지만 아무런 노력이나 주의를 기울이지 않는다면 우리가 범한 나쁜 행위들은 결국 엄청난 고통을 동반하여 되돌아올 것이다. 이는 다양한 종류의 중생이 지구가 생길 때부터 이 땅에 속해 있다 하더라도 최고의 발전을 이룩한 것은 인간이기 때문이며, 최악의 공포와 고통 그리고 다른 많은 문제들을 일으키고 심지어 지구를 좀먹는 것 역시 인간이기 때문이다. 최상의 것도 인간의 손에 의해 이루어졌고, 최악의 것도 인간의 힘으로 이루어졌다. 우리는 스스로 이익과 손실 그리고 안락과 고통의 상반된 성취를 가능하게 하는 환경을 지니고 있는 것이다. 그렇기에 주어진 기회를 어떻게 하면 실수 없이 사용할 수 있을지 알아야 한다.

만일 우리에게 주어진 선택의 기회가 여러 삶에 걸쳐 가질 수 있는 것이라면, 이 생에 주어진 기회를 현명하게 사용하지 않아도 괜찮을 것이다. 그렇지만 그런 일은 일어나지 않는다. 어떠한 현상들이 변화할 가능성은 그 가능성이 원인들에 의존하고 있다는 것을 보여 주는 것이다. 그러므로 일상적으로 경험되는 우리 몸의 변화는 우리 몸 역시 원인들에 의존하고 있음을 보여 주는 신호다.

우리가 부모에게서 받은 것은 우리 몸의 원인과 조건에 속한다. 그렇지만 어머니의 난자와 아버지의 정자가 수정되기 위해서는 다른 원인들을 필요로 한다. 예를 들어, 내 몸의 원인이 되는 부모의 난자와 정자는 또다시 그들의 부모, 즉 할아버지와 할머니에 의존하고 있는 것이다. 이렇게 거슬러 올라가면 결국 우리 몸의 원인은 이 세상이 형성된 이후의 어떤 중생의 난자와 정자로 돌아가게 된다. 그러나 피와 살로 구성된 몸이 오로지 난자와 정자에만 의존한다고 볼 수 있을까? 난자와 정자는 이 세계가 형성될 그 때에는 존재하지 않았을 것이다. 또 난자와 정자 역시 아무런 원인 없이 생겨날 수는 없는 것이다. 이는 또 다른 요소, 즉 업^業이 있음을 의미한다. 만일 난자와 정자가 원인 없이 존재할 수 있다면 이들을 언제 어디서나 볼 수 있거나 그 정반대일 것이다.

각각의 세계는 형성(성成), 지속(주住), 괴멸(괴壞)의 시간을 지나 최종적으로 무존재의 상태로 진행된다. 이 네 종류의 시간이 지난 뒤에, 전혀 새로운 세계가 쁘라나^{prāṇa}(164쪽 역자주 참조)나 에너지 혹은 다른 요소들의 연속적인 발전에서 형성된다. 이 과정이 과학에서 설명할 수 있는 범위에 부합하건, 불교 교리에 부합하건 간에 특정 세계가 존재하지 않는 시기는 반드시 존재한다. 세계의 형성 과정은 많은 원인과 조건에 의존하여 시작하는데, 이들 원인과 조건 역시 조건 지어진 현상들이다. 이러한 모든 현상은 분명 창조주에 의해서 만들어지거나, 태어나고 경험하며 주어진 환경을 이용하여 살아가는 인간의 업에 의해 만들어진다.

불교적 시각에서 본다면, 세계를 포함한 조건 지어지고 그래서 언젠가는 소멸할 존재가 조건 지어지지 않은 그래서 영원한 신적 존재의 감독하에 또는 신이 유발한 힘에 의존하기란 불가능하다. (세계의 형성이란) 그보다는 환경의 형성 과정을 일으키는 중생들의 업에 의한 것이다. 다른 가능성이 있다면 오직 조건 지어지지 않은 무엇인가에 의해 세계가 만들어졌다는 가정인데, 이는 전혀 터무니없는 것이다.

환경이 원인과 조건에 의존하여 생성되고 소멸하는 것과 마찬가지로, 중생의 삶의 질 역시 원인과 조건에 의존한다. 길게 내다본다면 좋은 원인들이 좋은 결과들을 낳고, 나쁜 원인들이 나쁜 결과들을 낳는다는 인과의 법칙은 너무나도 분명하다. 이것은 오랜 기간의 선한 결과는 반드시 선행된 선한 원인의 축적에 의존한다는 것을 의미한다. 마찬가지로 강력한 결과를 낳기 위해서는 강력한 원인을 필요로 한다. 인간의 육체적 본성이나 삶을 지탱하는 것에 관해서는, 이전의 삶들에서 모양과 색깔과 감각의 명료함 그리고 이 몸의 여러 자질을 각각 생성하는 다양한 강력한 원인과 조건을 반드시 쌓아 왔어야 한다.

만일 덕이 있는 행위들을 수행함으로써 축적된 힘이 지금의 삶 또는 다음의 삶에서 결과로 나타날 때까지 흩어지지 않고 남아 있다면, 그 힘은 그다지 쉽게 무너지지 않을 것이다. 그렇지만 그런 경우는 거의 없다. 오히려 성냄과 같은 부덕한 마음의 상태가 더욱 강력하다. 이런 종류의 마음 상태는 마치 씨앗을 말려 버리듯이, 좋은 수행을 통해 축적한 힘을 억누름으로써 선한 결과가 나타날 수 없게 한다. 그러므로 강력한 좋은 원인들을 많이 성취하는 것이 필수적이며, 이러한 유익한 원인을 억누르는 정반대의 힘들이 일어나지 않도록 하는 일도 꼭 필요하다.

선한 원인들 또는 힘을 축적할 수 있는 선한 행위들은 길들인 마음으로부터 일어난다. 우리와 같은 일반적인 존재는 시작을 알 수 없는 시간 이래로 길들여지지 않은 마음에 익숙해져 있다. 이와 같은 우리의 선천적인 성향에 비추어 본다면, 길들여지지 않은 마음으로 행한 행위들은 길들인 마음으로 행한 행위에 비해 훨씬 더 강력한 힘을 발휘한다. 현재 우리가 가지고 있는 육체, 다시 말해 훌륭한 삶을 지탱하는 인간의 몸이 과거의 길들인 마음에서 나온 선한 행동의 총체적 결과임을 깨닫는 것이 중요하다.

인간의 몸을 얻기란 매우 힘들다. 그리고 이런 기회는 매우 드물기 때문에 잘 사용하도록 주의를 기울이고, 낭비하고 있지는 않은지 확인해야 한다. 만일 인간의 삶을 얻는 것이 드문 일이 아니라고 한다면, 그래서 별 어려움 없이 얻을 수 있다면 그럴 필요도 없을 것이다. 그러나 인간의 몸을 쉽게 얻을 수 있는 경우란 결코 없다.

우리에게 주어진 인간이라는 조건이 얻기는 힘들지만 쇠퇴하지 않고 영원히 안정적으로 지속될 수 있다면, 이 기회를 나중에 활용한다 해도 별 문제가 되지 않는다. 그러나 우리의 몸은 현재의 삶을 지탱해 주는 많은 안팎의 원인에 의해 쉽게 부서지고 쇠퇴한다. 아리야데바^{聖天}의 《보살의 수행을 위한 사백 연의 시(사백관론^{四百觀論})》에서는 우리의 몸이 지^地, 수^水, 화^火, 풍^風이라는 네 가지 요소로 구성되어 있고 이들은 서로 대치되는 상태에 있다고 본다. 즉, 육체적인 행복이란 이 요소들 사이의 균형이 우연히 들어맞은 것일 뿐이지 영원히 지속되는 조화에서 나오지 않는다.

가령 지금 추위를 느끼고 있다면 당장에야 뜨거운 것이 좋겠지만 너무 뜨거운 것은 피해야 한다. 질병의 경우도 마찬가지다. 한 질병에 대한 치료약은 결과적으로 그 질병과 대치되는 또 다른 질병을 불러일으킨다. 우리의 몸은 크나큰 병고의 원천이며, 육신의 행복이란 단지 그러한 문제가 한시적으로 소멸되는 것에 그친다.

몸은 반드시 음식을 섭취해야 지탱이 가능하다. 그러나 과식했을 때는 몸을 건강하게 해 주던 바로 그 음식이 병고의 원인이 된다. 먹을거리가 드문 나라에서는 배고픔과 기아가 큰 고통의 원천이지만, 가지가지 음식이 넘쳐나는 나라에서는 과식과 소화불량이 고통의 원천이다. 특별히 드러난 문제가 없는 조화의 상태를 우리는 '행복'이라고 부르지만, 우리가 질병에서 자유롭고 앞으로도 영원히 자유로울 수 있으리라고 생각하는 것은 어리석다. 우리가 지닌 몸은 모든 문제의 고향이다. 질병과 기아 또는 전쟁이 없는 상태에서는 영원히 죽지 않을 것 같지만, 그럴 수 없는 일이다. 몸의 본질은 괴멸이다. 제대로 들여다본다면, 몸은 죽음에 종속되어 있는 것이다.

인간의 몸은 우리에게 주어진 귀중한 환경이며 능력이지만, 그만큼 무너지기도 쉽다. 단지 살아 있는 존재라는 이유만으로 우리는 아주 중요한 시점에 서 있으며 대단한 책임감을 수반하고 있다. 강력한 선함은 우리 자신과 다른 이들을 위해서 성취될 수 있으며, 그렇기 때문에 우리의 삶이 사소한 일로 산만해지는 것은 엄청난 낭비이다. 우리는 현재의 삶에서 우리 자신의 몸을 잘 사용하겠다는 소원을 일으켜야 하고, 스승과 삼보 그리고 우리를 도울 수 있는 다른 것들에게 청원해야 한다. 이를 통해 우리 자신을 안으로부터 스스로 강제하고, 밖으로부터 도움을 요청하는 것이다. 이러한 목표를 위해, 이 시에 나오는 단어들을 단지 입으로 읊지만 말고 의미를 되새김으로써 그 의미를 마음에 확연히 새겨야 한다.

요약하자면, 우리의 삶을 지탱하는 인간의 몸은 소중한 것이다. 얻기는 힘들지만 잃기는 쉬운 우리의 몸을 자신을 위해서뿐만 아니라, 다른 이들의 이익을 위해서 사용해야 한다. 이러한 이익은 길들여진 마음으로부터 나오는 것이다. 물론 좋은 음식과 옷, 즐거운 대화와 같이 외부에서 오는 즐거움이 우리를 더욱 즐겁게 하는 것은 사실이다. 하지만 마음이 평화롭고 여유로운 상태라면, 그러한 외적인 것들이 없다 하더라도 마음의 즐거움은 변하지 않는다. 반대로 우리의 마음이 평화롭지 않고 길들여지지 않았다면, 아무리 훌륭한 외적인 환경이 있다 하더라도, 우리는 공포와 두려움에 짓눌리고 만다.

우리가 길들여진 마음을 가지고 있다면, 부유하건 가난하건, 건강하건 아프건 간에 이러한 상황을 즐겁게 받아들일 수 있다. 심지어 죽음까지도 기쁘게 받아들일 수 있다. 길들여진 마음은 분명 우리 주변에 많은 친구들이 머물도록 만든다. 하지만 설령 친구가 없다 하더라도 상관은 없다. 내 자신의 행복과 복지는 남이 아닌 자신의 평화롭고 길들여진 마음에 그 뿌리를 두고 있기 때문이다.

자신이 평화롭고 길들여진 마음을 가지고 있다면, 다른 이들의 관점에서 볼 때, 나의 아내, 부모, 아이들, 심지어 주변의 친구들의 삶까지도 즐거워 보인다. 가정에 불화가 없다면 구성원 모두가 최상의 안락함을 느낄 것이고, 당신이 집에 들어서는 것만으로도 충분히 행복함을 느낄 수 있을 것이다. 그렇지만 마음이 평화롭지 못하고 다듬어지지 않았다면 당연히 화를 내는 일이 잦아질 것이고, 다른 이들 또한 당신에게 그러할 것이다. 현관문을 열고 들어서는 순간, 집안에서 많은 싸움이 일어나고 있음을 느낄 것이다. 이러한 사람이 가질 수 있는 것이란 고작해야 자주 흥분하는 일뿐이다.

길들여진 마음은 행복을 부르지만, 그렇지 않은 마음은 고통으로 이끈다. 그러므로 삶에 있어 다듬어지지 않은 다양한 태도, 즉 적들을 조종하고 친구들을 부추기고 고리대금으로 돈 버는 일 따위에 정신을 빼앗기지 말아야 한다. 대신 최선을 다해 우리의 마음을 길들이고, 다듬는 데 시간을 보내야 한다. 이것이야말로 소중한 인간의 몸을 받은 기회를 가장 잘 활용하는 길이다.

1. 자신이 지닌 인간의 몸이 얼마나 고귀한 존재인지 깨달으라. 인간의 몸은 과거 오랜 기간에 걸쳐 행한 선한 행위의 결과다. 가르침을 들을 수 있고 그것을 실천할 수 있는 몸이 있음에 감사해야 한다.

2. 소중한 인간의 삶은 매우 강력한 이익이 될 수도 있고, 강력한 해악을 끼칠 수도 있다. 또한 인간의 삶은 그 자체로 매우 연약하여 부서지기 쉽다. 그러니 지금 이 기회를 잘 사용해야 한다.

3. 육체적인 행복은 몸을 구성하는 요소들이 우연히 균형을 맞춘 것뿐, 진정한 조화를 이루고 있는 것은 아니다. 이 일시적인 조화가 무엇을 위한 것인지 잘 이해한다.

4. 길들여진 마음은 자신을 평화롭고 여유롭고 행복하게 만든다. 마음이 평화롭지 못하고 길들여져 있지 않다면 아무리 외적인 조건들이 훌륭해도 두려움과 걱정에 시달릴 뿐이다. 자신의 행복과 복지는 평화롭고 길들여진 마음에 그 뿌리를 두고 있다는 사실을 깨닫는다. 이는 주변 사람을 위해서도 커다란 이익이 될 것이다.

제3연

죽음은 반드시 오지만 죽음의 시간은 정해져 있지 않으니,

모인 것은 흩어지기 마련이고 모아 둔 것은 남김없이 소모되며

일어난 것이 가라앉으리니, 태어남의 마지막은 죽음이 되리라.

우리가 낭비할 시간이 없다는 것을 깨닫기를.

시작을 알 수 없는 시간 이래로 우리는 영원의 환상에 사로잡혀 있다. 그래서인지 우리는 아직도 시간이 많이 남아 있다고 착각하며 살아간다. 이러한 생각은 지금 해야 할 일을 내일로 미루게 하고, 결국 삶을 탕진하게 하는 크나큰 위험에 빠뜨린다. 이러한 습관을 고치기 위해서는 죽음은 언제 어느 때라도 찾아올 수 있다는 사실, 즉 무상無常에 대하여 명상하는 것이 중요하다.

우리가 당장 오늘밤에 죽을 수도 있다는 확신은 그 어디에도 없지만 죽음에 대한 각성을 개발한다면 설령 오늘 저녁에 죽는다 하더라도 그에 감사하게 될 것이다. 이러한 마음가짐을 품고 있다면 현생과 내생 모두에 도움이 될 수 있는 어떤 일이 일어났을 때 현생에만 피상적으로 도움이 되는 쪽을 좇아가는 우는

범하지 않을 것이다. 더 나아가, 언제 죽을지 모른다는 불확실함은 현재의 삶과 다가올 삶에 해가 될 일을 하지 않게 해 준다.

이와 같이 신중함이나 조심성의 감각이 발달함에 따라 통제되지 않은 행위에서 비롯하는, 바람직하지 못한 성향을 쌓지 않기 위해 더욱 노력하게 될 것이다. 또한 자신의 능력에 따라 다듬어지지 않은 마음을 해독할 수 있는 태도를 기르기 위해 노력할 것이다. 이렇게 될 때 우리가 하루를 살았건, 일주일을 살았건 또는 그 이상을 살았건 간에, 시간은 비로소 진정한 의미를 갖게 된다. 모든 생각과 행동은 무엇이 미래에 더 큰 이익이 될 것인지에 기반을 둘 것이고, 오래 살면 살수록 이러한 생각과 행동은 더욱 큰 이익을 가져다줄 것이다.

반면 영원함이라는 환상에 사로잡혀 눈앞에 보이는 것만 추구하는 데에 생을 허비한다면 계속해서 큰 손실을 볼 수밖에 없다. 이것이 3연에서 빤첸라마가 삶의 매 순간을 중요하게 생각하라고 하는 이유다.

예를 하나 들어 보자. 나는 예순일곱 살이고, 내 앞에 있던 열세 명의 달라이라마들 가운데 제1대 달라이라마를 빼고는 가장 장수하고 있다. 제1대 달라이라마는 여든 살까지 사셨고, 그 다음으로는 제5대 달라이라마가 예순여섯까지 사셨다. 나는 이

미 제5대 달라이라마보다 더 오래 살고 있다. 누가 뭐라 해도 나는 늙은이가 되었다. 그러나 최근 삶의 조건과 의학 기술 발달에 비추어 보면 나 또한 여든 살이나 아흔 살까지 머물렀으면 하는 생각을 해 본다.♦ 그렇다 하더라도 언젠가 내가 죽으리라는 것은 절대적인 진실이다.

티베트인들은 특별한 의례를 통해서 사람의 수명을 늘릴 수 있다고 생각하지만, 나는 누가 오래 살기 위해 이 같은 의례를 수행할 수 있을지 의문이 든다. 이 장수 의례를 수행하기 위해서는 선정에 든 상태에서 여일知一하게 관상 수행을 하는 것이 필수적이다. 더불어 이 의례에는 자성의 공성에 대한 이해가 필수적이다. 왜냐하면 장수 의례에서 시각화한 대로 현현하는 반야지 그 자체가 이상적인 자아이기 때문이다. 또한 깨달음을 성취하려는 자비심과 이타심 역시 필수적이다. 장수 의례의 명상이 어

♦ 달라이라마 성하는 2019년에 84세가 되었다. 이로써 역대 달라이라마 가운데 가장 장수한 셈이다. 이사벨 힐턴은 자신의 책《빤첸라마를 찾아서》에서 달라이라마 성하와 인터뷰를 한 뒤 "살아 있는 한 그는 티베트 난민이 고향으로 돌아갈 수 있다는 희망이며, 그 또한 그 꿈을 함께하고 있다."라고 말했다. 티베트 땅에 있는 티베트인들에게 그는 아직 꺼지지 않은 티베트불교의 빛으로서 기적적으로 중국을 탈출하여 자유의 상징이 된, 또 다른 삶의 기억이다. (Isabel Hilton, *The Search for the Panchen Lama*, Penguin Books, 1999.)

려운 것은 이러한 요건들 때문이다.

삶의 영속성에 대한 믿음 그리고 이기심을 마치 삶의 핵심인 양 담고 있는 마음가짐이 삶을 망치고 있다. 그렇기 때문에 가장 효과적인 명상은 무상, 자성의 공함 그리고 자비에 대한 명상이다. 이러한 것들에 대한 전제 없이는 장수 의례나 그 비슷한 의례들은 아무런 소용이 없다. 이것이 바로 붓다께서 자비와 반야지를 "깨달음을 향해 나는 새의 두 날개"라고 강조하신 이유다. 자비와 반야지야말로 시작을 알 수 없는 시간 이래로 줄곧 우리의 행복을 갉아먹고 있는 이기심과 영속에 대한 믿음을 치료할 수 있다.

열다섯, 열여섯 살 즈음 나는 깨달음으로 향하는 수행의 단계를 배우고 그 과정들을 수행했다. 또한 위빠사나 수행◆에 더욱 깊게 몰입하면서 스승들로부터 가르침을 받기 시작했다. 붓다의 가르침과 위빠사나 명상 수행은 항상 함께 가기 때문이다. 죽음에 대한 자각은 다음과 같이 세 가지 근원, 아홉 가지 근거 그리고 세 가지 결론으로 이루어진다.

◆ 마음에 일어나는 현상들을 분석하는 수행법. 사마타 수행과 더불어 지관止觀 수행이라고 불리며, 불교 명상의 요체이다.

첫 번째 근원: 죽음은 반드시 다가온다.

1. 죽음은 반드시 올 것이고, 그러므로 피할 수 없다.

2. 삶의 시간은 늘어날 수 없고, 끊임없이 줄어들고 있다.

3. 살아 있을 때라 해도 수행할 시간은 많지 않다.

첫 번째 결론: 나는 반드시 수행해야 한다.

두 번째 근원: 죽음의 시간은 정해지지 않았다.

4. 우리가 이 세상에 머물 수 있는 시간은 정해지지 않았다.

5. 죽음의 원인들은 다양하지만 삶의 원인들은 희소하다.

6. 사람의 몸은 무너지기 쉽기에 죽음의 시간은 불명확하다.

두 번째 결론: 나는 반드시 지금 수행해야 한다.

세 번째 근원: 죽음에 이르렀을 때 오직 수행만이 나를 도울 수 있다.

7. 죽음의 때에 이르렀을 때 우리의 친구들이 도울 수 있는 일은 없다.

8. 죽음의 때에 이르렀을 때 우리의 부유함은 어떠한 도움도 주지 못한다.

9. 죽음의 때에 이르렀을 때 우리의 몸은 아무런 도움이 되지

않는다.

세 번째 결론: 나는 이 세상의 그 어떠한 것에 대해, 그것이 아무리 좋아 보이더라도 집착하지 않고 수행할 것이다.

윤회하고 있는 존재의 본성은 결국, 모인 것은 반드시 흩어진다는 데에 있다. 서로 아끼는 친구라 할지라도 결국에는 떨어지게 된다. 스승과 제자, 부모와 자식, 형제자매, 아내와 남편, 누가 되었건 간에 모두 헤어지게 된다.

나의 스승 링 린뽀체가 아직 건강하셨을 때, 내게 있어 그의 죽음은 거의 불가능하고 견딜 수 없는 일이었다. 그분은 기댈 수 있는 단단한 바위와 같은 존재였다. 그러나 그분께서 뇌졸중으로 고생하시다가 매우 심각한 상태로 두 번째 쓰러지셨을 때, 결국 마음 한구석에서 "이제 그분을 보내는 것이 더 낫겠다."라는 생각이 떠올랐다. 가끔 나는 그분께서 일부러 병에 걸리신 것이 아닌가 생각했다. 그럼으로 해서 그분께서 정작 돌아가셨을 때 나는 슬픔에 잠기기보다는 그 다음에 해야 할 일, 즉 그분의 환생신을 찾는 일을 시작할 수 있었다.

모든 친구들과 헤어지게 될 뿐만 아니라, 이 세상에서 아무리 값진 보배를 얻고, 부를 쌓았다 하더라도 결국에는 쓸모없게 된다. 지위가 아무리 하늘 높다 하더라도 결국에는 떨어지게 되어 있다. 나는 스스로 이러한 점을 기억하기 위해서 내가 가르침을 펴는 사자좌에 올라가 앉아 《금강경》에 나오는 무상에 대한 게송을 마음속으로 암송한다.

> 모든 것을 원인으로부터 만들어진 것이라고 보라.
>
> 눈병에 걸렸을 때 보이는 반짝이는 별들같이
>
> 깜박이는 버터 램프◆의 불꽃처럼, 마술에 의한 환상처럼
>
> 이슬, 물거품, 꿈, 번개 그리고 구름 같은 것이라고.

나는 원인에 의해 이루어지는 현상의 무너짐에 대해 돌이켜보며 손가락을 튕겨 본다. 이때 '딱!' 하고 나는 소리가 내게 무상을 들려준다. 이것이 바로 높은 지위에서 금방이라도 떨어질수 있다는 점을 나 스스로에게 되새기는 방법이다.

모든 살아 있는 존재는 아무리 오래 산다 하더라도 죽게 되어 있다. 그 사실을 피할 방법은 없다. 한 번 윤회의 굴레에 들어서

◆ 티베트에서는 야크의 우유에서 얻은 버터에 심지를 꽂아 집과 사찰 등에 불을 밝히며, 버터를 중요한 식재료로 여겨 공양을 올리기도 한다.

면 죽음이라는 본성을 떠나 살 수 없다. 아무리 멋들어지고 즐거운 것이라 하더라도 반드시 변화한다는 본성으로 이루어진 것임을 명심해야 한다.

우리 모두 죽을 테지만 그 끝이 언제 올지는 알 수 없다. 미리 안다면 미래를 위한 준비를 미루려 할 것이다. 할 일을 미루어서는 안 된다. 오히려 항상 준비하고 있어야 한다. 그러면 오늘 저녁에 당장 죽는다 하더라도 후회는 없을 것이다. 우리가 죽음의 불확실함과 절박함의 진가를 제대로 알게 된다면, 시간을 현명하게 사용하는 것이 얼마나 중요한지를 더욱더 강하게 느끼게 될 것이다. 티베트의 요가 수행자 쫑카빠(겔룩파의 시조)는 다음과 같이 말했다.

인간의 몸을 받는 것이 얼마나 어려운지를 제대로 안다면

빈둥거리며 보낼 시간은 없을 것이다.

그 의미를 제대로 알 때

생각 없이 보내는 시간은 슬픔의 원천이다.

죽음에 대해 숙고할 때

다음 생으로의 준비는 이루어지리.

우리의 행위들과 그로 인한 결과들에 대해서 숙고할 때

게으름의 원천을 외면할 것이다.

- 이렇게 해서 이러한 네 가지 뿌리가 단단해질 때

다른 덕 높은 수행들도 쉽게 깊어질 것이다.

죽음에 대해서 생각하는 것은 죽음을 준비를 하는 데 도움이 된다. 또한 다음 생에 이익이 될 만한 행동을 불러일으킬 뿐 아니라, 우리의 마음가짐 자체를 극적으로 변화시킨다. 예를 들어 언젠가 죽는다는 사실을 기억하는 수행에 익숙하지 않은 누군가가 있다고 하자. 그런 사람이 실제로 죽음에 임박했을 때, 주변의 친구나 가족은 그 사람이 현실적으로 죽음에 대처할 수 없다고 여기고 좋은 말만 해 주려고 한다. 이 얼마나 순리에 맞지 않는 어리석은 일인가!

말기 암으로 고생하고 있는 환자들도 '죽음'이나 '사망'이라는 말을 쓰기를 꺼린다. 나는 그러한 환자들과 임박한 죽음에 대해 이야기하기란 거의 불가능하다는 사실을 경험을 통해 깨달았다. 그들은 죽음에 대해 듣기를 거부한다. 그렇지만 '죽음'이란 단어조차 직면하지 않고 생각하지 않은 사람이 실제로 죽음과 맞부딪히게 된다면 그것은 엄청난 불안과 공포일 것이다.

한편 죽음이 머지않아 보이는 수행자를 만났을 때 나는 주저

하지 않고 "당신이 회복되건 죽건 간에 양쪽 모두를 준비해야 합니다."라고 말한다. 수행자가 후회 없는 죽음을 준비하도록 하는 데에는 아무것도 숨길 필요가 없다. 일찌감치 제행무상諸行無常에 대해 생각하는 수행자는 죽음의 순간에 훨씬 더 용감하고 행복할 수 있다. 죽음이 언제든 다가올 수 있다는 사실을 항상 염두에 두는 것은 평화롭고 잘 다듬어진 마음을 갖게 한다. 또한 덕이 높은 마음을 개발하도록 돕는다. 이러한 마음은 현재의 짧은 생을 구성하는 피상적인 요소들보다 훨씬 깊은 곳에 머물고 있기 때문이다.

1. 언제든 죽음을 맞이할 수 있다는 생각을 키워 나간다면 삶을 보다 유용하게 보낼 수 있다.

2. 수행할 시간을 미루지 말고 지금의 상태가 영원하리라는 환상에 젖지 않도록 한다.

3. 아무리 훌륭한 환경에 있다 하더라도 본질적으로 그러한 것들은 반드시 끝이 있기 마련이다.

4. '다음'이라는 시간이 있을 것이라고 생각하지 않는다.

5. 자신의 죽음과 대면함에 있어 솔직해야 한다. 또한 다른 이들이 죽음을 솔직하게 대면할 수 있게 돕는다. 죽음의 순간이 머지않은 사람을 대할 때 자신과 그들을 속이는 말을 삼간다. 정직만이 용기와 기쁨을 북돋울 수 있다.

제4장

아무리 단단히 붙잡아 매도,
그대는 머무를 수 없으리.
변하지 않을 진실에
두려워하고 겁내는 것에
어떠한 이익이 있겠는가?

붓다

• • •

제4연

주체와 객체라는 잘못된 사고의 이 도시에서

네 가지 더러운 요소로 이루어진 환각의 몸과

의식이 분리되는 죽음의 때에

우리가 다양한 원인에서 비롯된 죽음의 고통에서

벗어날 수 있기를.

가능한 한 이른 시기부터 마음의 선한 면모에 익숙해지도록
하라. 선한 마음을 공고히 확립할 때, 죽을 때에도 마음이 공덕
에 전념할 수 있다. 그렇지 않으면 죽음의 시간에 이르러 끔찍한
병고로부터 오는 참을 수 없는 고통에 압도당하거나 사고나 공

격으로 인한 급사의 고통을 맞게 될지 모른다. 또한 현재의 삶을 유지해 주는 선업을 탕진해 삶을 제대로 마치지 못할 수도 있다.

이러한 예기치 못한 나쁜 환경에 처하게 되면 선한 마음을 이루려는 수행을 하지 못할 수도 있다. 고통은 그 자체만으로도 엄청난 공포를 불러일으키기에 사색을 불가능하게 한다. 예외가 있다면 수행을 통해 높은 단계에 오른 수행자나 삼학三學 가운데 강한 삼매의 힘을 지닌 수행자일 것이다. 그렇기에, 마음을 압도하는 고통이나 공포에서 벗어나고 편안한 죽음을 맞이하고자 하는 소원을 일으켜야 한다. 이러한 소원은 지금까지 닦아 온 덕스러운 마음가짐을 한층 강하게 할 것이고, 이를 통해 보다 큰 지혜를 품고 죽음을 맞이할 수 있다.

죽음은 몸과 마음의 분리를 수반한다. 그 때문에 '나'의 본성은 물질과 정신의 집합들이 쌓여 서로 관계를 맺어 이루어졌다는 점을 깨달아야 한다. 또한 물질과 정신의 집합체가 가진 본성을 깨닫는 것도 중요하다. 우리가 지니고 있는 몸이란 깨끗하지 못한 것으로, 지수화풍地水火風의 네 요소에서 발생한 것이며 아주 미미한 원인에 의해서도 쉽사리 고통받게 되어 있다. 또한 환상과 같아서 한 순간에는 있는 것 같지만, 다음 순간에는 사라져 버린다. 자성自性을 가지고 있어서 영원히 존재할 것처럼 보이지만 사실상 그러한 자성은 공(空)한 것에 불과하다. 씻으면 깨끗해 보이고 행복해 보이며 영원할 것 같고 자기 마음대로 할 수 있을 듯이 보이지만, 그로 인해 몸은 소위 의식의 본질과 그 대상에 대한 오해라는 도시에 살고 있다.

4연에 나오는 '잘못된 개념들의 도시'란 윤회를 일컫는다. 이 도시는 고통스러운 감정의 영향하에 있는 행위들, 즉 업에 의해 만들어진다. 고통스러운 감정들은 무지(無智), 특히 자성이라는 개념에서 일어난다. 여기서 말하는 자성이란 자신과 타인 그리고 사물의 본성에 대한 오해, 즉 이러한 것들이 마치 스스로 존재하는 양 잘못 인식하는 것을 말한다. 그러므로 무지는 고통스럽게 돌고 도는 윤회의 가장 근본적인 원인인 것이다.

자성이라는 잘못된 앎이 업을 촉발시킨다. 이 업은 행동뿐 아니라 그 행동이 축적되어 발생하는 습관까지 포함한 것으로, 우리를 끊임없는 윤회의 사슬로 몰아 간다. 이 무지 때문에 일어나는 현상들은 변치 않고 영원히 존재하는 듯 보이지만 그렇지 않다. 그래서 오류의 도시인 것이다. 윤회의 도시는 주체와 객체, 인식하는 자와 인식의 대상, 안과 밖의 현상들이 변치 않고 그 스스로의 힘에 의해 선천적으로, 스스로 존재한다는 오해 위에 세워진다.

1. 바로 지금 수행해야 한다. 그래야 죽음의 순간에 이르렀을 때 그때까지 닦아 놓은 공덕의 힘이 마음가짐에 좋은 영향을 줄 것이다.

2. 몸은 오해들로 구성된 도시다. 몸을 닦으면 그것은 아주 깨끗한 것처럼 보인다. 또한 축복의 원천이며 영원한 것이라 여겨진다. 자신의 통제하에 있는 듯 보이기도 한다. 사실은 그렇지 않다. 몸은 지수화풍의 네 요소로 이루어진 것이며, 고통에 종속되어 있고, 자기 마음대로 시시각각 변화한다.

3. 사람이나 사물은 모두 그들 자신의 힘으로 존재하는 것처럼 보인다. 이러한 무지는 잘못된 외양을 참이라고 받아들이게 하여 탐욕, 증오, 어리석음이라는 고통스러운 감정을 불러일으킨다. 또한 고통스러운 감정들은 다시 몸과 말, 생각을 오염시키며 윤회의 시간을 영속시킨다. 자신이 오해의 도시에 살고 있다는 사실을 명심하라.

제5연

애지중지하는 이 몸으로부터 배신당할 때,

무서운 적, 죽음의 신이 나타날 때,

탐욕, 증오, 어리석음, 이 삼독이란 무기로

내 목숨을 스스로 끊을 때,

우리가 덕스럽지 못한 것의 잘못된 외양에서 벗어나기를.

죽음의 시간은 매우 중요하다. 죽음의 시간은 한 생의 종지부인 동시에 다른 삶의 시작이기 때문이다. 만일 이 결정적인 순간에 자신의 몸이 자신과 함께 남아 있다면 몸을 믿을 수 있을 것이다. 하지만 이 중요한 순간에 몸은 당신을 배신한다. 맛있는 음식, 좋은 옷, 돈, 잠잘 곳, 약 그리고 심지어 나쁜 행동으로 잘 키워 놓은 몸뚱이는 결국 당신을 배신하게 되어 있다.

우리는 죽음에 대해 잠깐이나마 말하는 것조차 불편해한다. 죽음의 과정이 현실로 드러날 때, 또 시의 4연에서 "죽음의 신"이라 칭한 무상^{無常}이 그 모습을 드러낼 때, 몇몇 사람은 재산, 친척, 친구 그리고 자신의 몸뚱이에 강한 집착을 보인다. 어떤 이들은 적에 대해 그리고 참을 수 없을 것 같은 고통에 대해 증오를 나타낸다. 지금은 탐욕과 증오가 없다 하더라도, 우리는 불변한다고 생각하는 어떤 것에 대해 그리고 그것이 드러나는 모든 모습들에 대해 강한 확신을 지니고 있다. 그러나 사실상 불변한다고 생각하는 것들에 대한 강한 믿음에서 드러나는 모든 것은 무지의 모습이다.

이러한 삼독三毒, 즉 탐욕, 증오, 무지는 덕스러운 수행에 있어 가장 강력한 내부의 장애물이다. 보다 깊은 의미에서 보면 이것들은 죽음의 순간에 우리 자신을 죽이는 무기가 된다. 죽음의 순간에 이러한 해로운 마음이 일어나지 않게 하기 위해서는 강한 탐욕과 증오가 일어나서는 안 되며, 잘못된 모습들이 일어나서는 안 된다는 소원을 마음속에 새겨야 한다.

죽음의 때에는 제대로 생각할 수 없도록 만드는 약을 투여하지 않는 것이 중요하다. 죽음을 맞이할 때 의식은 가능한 한 투명해야 하기 때문에, 수행자는 마음을 무디게 만드는 약품을 멀리해야 한다. '안락사'를 유도하는 약물을 투여하는 것은 삶의 무상함에 대해서 되새기고, 믿음을 일으키며, 자비심을 느끼고 무아無我에 대해 명상할 덕스러운 기회를 빼앗을 수 있다. 그러나 죽음의 순간 마음이 둔해지지 않게 하는 약이 개발된다면 아주 쓸모 있을지도 모르겠다. 그러한 약품이 있다면 고통에 의해 일상의 자신을 잃어버리지 않아도 되고, 정상적인 마음가짐을 유지할 수 있을 것이기 때문이다.

1. 당신이 어떻게 해서라도 유지시키려는 그 몸뚱이가 언젠가 당신을 내팽개 칠 것이라는 점을 명심한다.

2. 자신이 세상을 떠나고 있는 상황에 대해 욕망을 일으키지 않는다.

3. 자신이 세상을 떠난다고 해서 증오를 일으켜서는 안 된다.

4. 가능한 한 탐욕, 증오 그리고 무지를 멀리하여 죽음의 때에 덕스러운 수행 을 지속한다.

5. 알약이나 약물로 만들 수 있는 소위 '평화로운 죽음'이 공덕을 현현할 결정 적 기회를 앗아갈 수도 있다.

제5장

죽음을 대비한
선한 조건의 성취

몇몇은 자궁에서
몇몇은 태어나자마자 죽는다.
어떤 이들은 기어 다닐 수 있을 때에,
어떤 이들은 걸어 다닐 수 있을 때에.
몇몇은 늙어서,
다른 이들은 어른이 되어서,
하나하나 사라져 간다.
마치 과일이 땅으로 떨어지듯이.

붓다

● ● ●

제6연

의사가 포기하고 종교 의식들이 효과가 없을 때,

친구들이 우리의 생명에 대한 희망을 버릴 때,

내가 가진 모든 것이 쓸모가 없을 때

라마의 가르침을 기억할 수 있기를.

이전 장에서는 주로 죽음의 순간에 적합한 수행을 가로막는 두 가지 장애, 즉 고통에 압도당하는 것과 탐욕, 증오 또는 혼동을 일으키는 잘못된 현상들에 대해 다루었다. 이제 이 두 장애물을 피할 방법을 찾는 동시에, 수행을 기억하게 할 덕 있는 태도들을 일으켜야 한다. 이번 생에 대해 더 이상 희망이 없을 때, 의

사조차 희망을 포기할 때, 종교적인 의식이 아무런 효과가 없을 때, 심지어 친구들과 친척들이 마음속 깊은 곳에서 희망을 버릴 때, 우리는 스스로에게 도움이 될 만한 무엇인가를 해야 한다. 요컨대 사색할 힘이 남아 있는 한 덕스러운 방향으로 마음을 유지시킬 무엇인가를 만들어야 한다.

이를 위해서는 덕스러운 마음가짐을 일으키는 가르침을 기억할 필요가 있다. 다음에 나올 7연에서도 말하겠지만, 이러한 가르침들은 (1)죽음의 청명한 빛이 일어나기 전, (2)죽음의 청명한 빛이 일어났을 때, (3)죽음의 청명한 빛이 사라지고 중음도^{中陰道}가 시작될 때, (4)중음도에 머무를 때 사용할 수 있으며 이를 통해 특별한 요가 수행의 결과를 성취할 수 있다. 지금까지 들었던 어떠한 가르침이라도 자신의 지력과 능력에 맞다면, 위에서 말한 네 가지 경우가 찾아왔을 때 명료하게 기억할 필요가 있다. 수행의 단계가 어찌됐건 우리가 성취한 일상의 수행을 이러한 때에 행하는 것이다.

다음 다섯 가지 힘은 우리의 수행이 더 큰 결과를 얻을 수 있도록 도울 것이다.

1. **익숙함의 힘:** 지금 하고 있는 일상의 수행이 무엇이든 간에

자주 접하고 친숙해져야 한다. 그 수행이 윤회로부터의 해방을 목표로 하든, 자애^{慈愛}와 대비심^{大悲心}을 키우고자 하든, 다른 이들의 행복을 위해 깨달음을 성취하려고 하든, 무상^{無上}요가 딴뜨라의 단계들을 성취하려고 하든 간에 열심히 수행한다.

2. **미래를 향하게 하는 힘:** 이렇게 생각해 보자. "나는 이 생과 중음도 그리고 내생에서도 불성을 성취하기 위해서라면 수행을 계속하리라."

3. **선근의 힘:** 수행을 밀어붙일 수 있도록 덕스러운 행위들, 즉 선업^{善業}의 힘을 쌓는다.

4. **소멸의 힘:** 모든 현상 즉, 삶과 죽음 그리고 중음도는 상호의존하여 존재할 뿐이다. 아주 미세한 것이라 할지라도 자성을 가지고 있지 않다고 생각한다. 그리고 이러한 결심을 '자기 자신에 대한 사랑은 적일 뿐'이라는 믿음의 일부로 삼는다. 이렇게 생각해 보자. "내가 이 윤회 속에서 이렇게 고통받고 있는 이유는 나만을 사랑했기 때문이다. 이 자기애^{自己愛}는 생명체와 사물이 자성을 가지고 있다고 생각하는 데 그 뿌리를 두고 있다. 하지만 사실은 그렇지 않다."

5. **소원의 힘:** 거듭해서 다음과 같은 소원을 일으킨다. "죽은

다음이라 할지라도, 다음 생에도 붓다의 가르침 수행을 도와줄 몸을 얻을 수 있기를, 뛰어난 영적 안내의 가호를 받아 내가 수행에서 멀어지는 일이 없기를 기원한다."

이러한 다섯 가지 힘은 가장 견디기 힘든 순간에도 수행을 기억하는 데 큰 도움을 줄 것이다. 누군가가 지금 당장 죽는다 하더라도 그 사람의 주변을 둘러싼 채 손을 잡고 울며불며 슬퍼하하지 말아야 한다. 이러한 행동은 전혀 도움이 되지 않는다. 오히려 죽어 가는 사람에게 갈애의 집착을 일으킬 뿐이며, 덕스러운 행위를 쌓을 좋은 기회를 앗아 버리는 행위다. 주변 사람들은 그에게 종교적인 가르침과 수행을 상기할 수 있도록 마지막 숨이 멈출 때까지 조용하고 부드럽게 속삭여 줌으로써, 그가 공덕을 쌓을 수 있게 올바른 환경을 조성한다.

예를 들어, 죽어 가는 사람이 창조주를 믿는다면 창조주에 대해 생각하는 것이 그 사람을 좀 더 편안하고 평화롭게 할 것이며 집착과 두려움, 후회의 감정을 덜 수 있도록 도와줄 것이다. 만일 그 사람이 환생을 믿고 있다면 의미 있는 내생에 대해 생각하도록 도와주는 것이 바람직하다. 불교도는 붓다를 마음 깊이 새기고 이번 삶에서 행한 선을 더 좋은 새로운 삶을 향해 바칠 수 있을 것이다. 무신론자라 해도 죽음은 삶의 한 부분이며, 이제 걱정해도 소용없는 일이 자신에게 일어났다고 생각해야 한다. 중요한 점은 죽음의 과정 동안 정신이 산란해지지 않도록 평온을 얻는 것이다.

1. 지금의 삶을 계속 유지할 수 없다는 사실을 깨닫는다. 일정한 때에 다다르면 의사, 사제, 친구, 친지 그 누구도 이 삶을 지속하도록 도와줄 수 없다. 무엇이 도움이 될지는 스스로에게 달렸다.

2. 죽음이 진행되는 동안, 자신의 수준에 맞는 수행을 상기하고 실천한다.

3. 하고 있는 수행에 익숙해지도록 하라. 어떠한 상황이 닥치고, 그것이 아무리 힘들더라도 영적인 방향을 놓치지 않도록 단단히 붙잡는다. 공덕을 쌓는 일들을 행하면 그 축적된 힘이 현재의 삶은 물론이요, 다음의 삶 모두에 좋은 영향을 줄 것이다. 자기애自己愛에서 일어나는 고통을 깨닫고, 다른 이들을 사랑하는 법을 배우라. 현재 삶에서뿐 아니라 다음에 올 삶에서도 영적인 수행을 계속하고자 하는 소망을 자주 일으킨다.

4. 다른 이들이 죽을 때, 그가 더욱더 이 삶에 집착하게 만들거나 증오와 분노로 흥분하지 않게 한다. 그들의 내생으로의 출발을 슬퍼하거나 손을 잡거나 울지 않는다. 더 깊은 수행에 대해 상기하도록 하여, 의미 있는 여행이 되게끔 도우라.

5. 죽음의 순간, 당신에게도 위와 같은 일을 상기시켜 줄 사람이 필요하다. 가까운 이에게 미리 부탁하여 자신이 현현코자 하는 특별한 마음가짐을 상기한다.

제7연

불행과 함께 쌓인 음식과 재산이 죽음 뒤로 남겨질 때,

친구들에 대한 애정과 욕망으로부터 영원히 분리될 때,

두려운 곳으로 홀로 가야 할 때,

우리에게 환희와 기쁨에 대한 확신이 함께하기를.

일반적으로 누군가가 죽음에 임박했다는 소리를 듣는다면 본인뿐 아니라 친구와 가족 역시 무척 슬플 것이다. 이런 슬픔 안에서 의식의 점진적인 퇴보, 즉 죽음의 과정이 일어난다. 그러나 삶의 본질적인 모습과 영적인 수행의 절대적 필요성을 깨닫고 무상에 대해서 반복적으로 성찰해 왔다면, 이러한 가르침을 통해 죽음의 과정에서 일어나는 슬픔, 비탄 같은 좋지 않은 조건의 영향을 받지 않게 된다. 그렇게 되면 죽음과 관련된 모든 양상은 우리를 산란하게 만드는 것이 아니라, 오히려 수행의 중요성을 상기시키며 죽음의 과정에서도 명상을 계속 할 수 있도록 해 준다.

이러한 점을 염두에 두고 있으면 마치 어린아이가 부모를 만

나러 자기 집으로 돌아갈 때 기뻐하듯 환희와 확신을 가지고 죽음에 임할 수 있다. 최상의 수행자들은 삶과 삶 사이의 중음도에서 그들이 갈 다음 생을 스스로 결정할 수 있다. 그들은 확신을 가지고, 아무런 걱정 없이 죽음을 맞이한다. 중간 정도의 수행자들 역시 죽음을 두려워하지 않는다. 가장 아랫단계의 수행자들조차 아무런 후회 없이 죽음을 맞이한다. 그들은 의미 있는 길, 즉 영적인 정진을 계속 할 수 있는 곳으로 환생할 준비를 해 왔기에, 죽음이 다가온다 해도 침울함이나 공포를 느끼지 않는다. 그들의 의식은 크나큰 확신을 품은 채 여행을 떠나게 될 것이다.

내가 아는 많은 스님들과 학자들이 그러한 방법으로 세상을 떠났다. 그들은 스스로 죽음에 임박했음을 알았고 가까운 이들에게 작별인사를 고했다. 임종하던 날, 그들은 가사를 차려 입고 아무런 동요도 없이 명상에 든 채로 세상을 떠났다. 다름살라에 있던 한 스님은 자신을 도와주던 사람을 불러 승복을 가져다 달라고 부탁했고, 그 승복을 입고 입적했다.

나는 인도에 있는 동안 '청명한 빛의 마음_{mind of clear light}'에 머무르다 떠나는 여러 명의 수행자를 보았다. 어떤 이는 17일, 어떤 이는 9일 또는 10일을 머물다 떠났다. 그 증거로, 그들의 육신은 호흡을 멈춘 뒤에도 여전히 생생했고 조금의 악취도 나지

142

않았다. 덥고 습한 인도의 날씨를 고려한다면 놀라운 일이 아닐 수 없다. 그들은 죽음의 '청명한 빛의 마음'에 어떠한 동요도 없이 머물렀다. 그리고 확고한 신념과 희열 속에서 죽음을 맞이했다.

나의 스승, 링 린뽀체는 한 라마에 관한 재미있는 이야기를 들려준 적이 있다. 그 라마는 죽음의 때가 가까워 오자 깨끗한 승복을 꺼내 입고, 동료들에게 머지않아 자신이 죽으리라고 말했다고 한다. 얼마 뒤 그는 가부좌를 틀고서 명상에 든 채 입적했다. 그런데 라마가 열반에 들기 바로 얼마 전에 변경 지방에서 찾아와 제자가 되길 자청한 이가 하나 있었다. 그 사람은 좌선을 한 채로 입적할 수 있다는 사실에 대해 아는 바도, 들은 바도 없었다. 그는 라마의 몸이 앉은 채 그대로 있는 것을 보고는 귀신이 시신에 들어갔다고 착각한 나머지 라마의 몸을 그대로 후려쳐 넘어뜨렸다고 한다.

1. 죽음에 대해 너무 침울해하지 않는다. 중생에 대한 자비심 안에서 가장 존
    경하는 종교에 귀의하라. 영적인 수행의 필요성과 여유를 모두 준 현재 삶
    의 본질을 기억하라. 그리고 무상에 대해 성찰하고 또 성찰한다.

2. 죽음의 과정 동안 수행을 효과적으로 기억할 수 있는 기반을 닦아 놓았다
    면, 혹여 무서운 일이나 모습이 나타난다 하더라도 오직 고요하게 만들 것
    이며 환희와 확신 속에서 명상할 수 있도록 도움을 줄 것이다.

제6장

죽음의 과정 속에서의
명상

이 삶은 너무나 빨리 사라진다.
마치 막대기로 물 위에 쓴 글씨처럼.

———————————————

붓다

• • •

제8연

흙, 물, 불, 공기에 의해 이루어진 몸이 점점 무너져 내릴 때,

몸의 기운이 쇠퇴하고 입과 코가 마르고 주름 잡힐 때,

온기가 점차 사라지고 숨이 가빠지고 시끄러운 소음이 들릴 때,

우리가 공덕의 강한 마음을 일으킬 수 있기를.

지금까지 다루었던 시에서 1~7연은 불교 교리와 경전, 딴뜨라에 따라 기술되었다. 그중에서도 딴뜨라는 자기 자신을 '붓다의 육신에 지혜와 자비를 함께 한 몸'으로 구현하기를 요청하는 특별한 수행을 포함한다. 8연에서는 주로 딴뜨라의 수행, 특히 무상요가 딴뜨라*에서 나온 수행법을 설명한다.

몸과 마음 그리고 네 가지 요소^{四大}가 점차로 해체되어 가는 과정으로써 죽음을 기술한 것은 무상요가 딴뜨라가 유일하다. 임신이 된 다음에는 형성의 과정이 미세한 것으로부터 거친 것으로 진행되어 가는 반면, 죽음의 과정에서는 거친 것으로부터 미세한 것으로의 해체가 이루어진다. 또한 해체의 현상은 네 가지 요소, 즉 흙(몸의 딱딱한 요소들), 물(액체), 불(온기), 공기(에너지, 움직임)로 이루어져 있다.

사람이 천수^{天壽}를 누리든 누리지 못하던 간에, 죽음의 과정은 많은 단계를 포함한다. 급사의 경우, 그 과정을 알아차릴 사이도 없이 재빠르게 지나가는 것뿐이다. 천천히 죽어 가는 사람들은 각각의 단계를 인식할 수 있을 뿐 아니라, 이를 잘 활용할 수도 있다. 죽음의 징표들, 예를 들어 비강^{鼻腔}으로 들어가고 나가는 숨길의 변화, 꿈, 육체적 징후들은 실제로 죽음이 오기 몇 년 전에도 나타날 수 있다. 그러나 보통 사람들에게 있어 그 징후는 대개 죽기 1~2년 전에 나타난다.

◆ 무상요가 딴뜨라^{無上瑜伽, Anuttarayoga tantra}란 요가를 최고 경지까지 높여 자재^{自在}의 해탈을 체득함을 설하는 경전으로서 《구하사마자 딴뜨라》와 《깔라짜끄라 딴뜨라》 등, 중국이나 한국에는 전하지 않는 경전이 많다. 다양한 관상 수행과 명상법에 대해 설하고 있다.

죽음의 징후 중에는 집이나 친구들에 대해 혐오감을 느끼게 되어 어디론가 떠나고 싶은 감정도 포함된다. 전에 가지고 있던 것들에 대해 지나칠 정도로 욕심을 낼 수도 있다. 독불장군이던 사람이 갑자기 다른 사람들에게 협조적으로 바뀌거나 다른 방식으로 바뀔 수도 있다. 때로는 원래 가지고 있던 열정이 눈에 두드러질 정도로 늘어나거나 줄어들기도 한다.

실제로 죽음의 과정이 시작되면, 여덟 단계를 통과하게 된다. 처음 네 단계는 네 가지 요소의 붕괴를 포함하며, 다음 네 단계는 의식이 가장 깊은 단계의 마음 안으로 붕괴해 가는 과정을 포함한다. 이러한 최심층의 마음을 '청명한 빛의 마음'이라고 부른다.

기억하라. 죽음의 장면을 소개하는 것은 일상을 통해 일어나지만 우리가 미처 알아차리지 못한 마음의 깊은 단계들을 지도화 하는 것이다. 예를 들어 죽음에 이를 때, 잠들 때, 꿈에서 깨어날 때, 재채기할 때, 기절할 때 그리고 오르가슴에 도달했을 때에 이 여덟 가지 장면들이 순서대로 일어난다. 반대로 죽음의 과정이 완전히 끝난 뒤에, 잠에서 깨어날 때, 꿈을 꾸기 시작할 때, 재채기할 때, 졸도할 때 그리고 오르가슴이 끝날 때에는 그 역순으로 일어난다.

여덟 가지 단계들은 비록 눈에 보이지는 않지만 시각적인 차례로 구분된다.

죽음으로의 단계

1. 신기루

2. 연기

3. 반딧불

4. 등잔불

5. 선명한 흰색이 하늘에 가득 찬 것과 같은 마음♦

6. 선명한 선홍색이 하늘에 가득 찬 것과 같은 마음

7. 선명한 검은색이 하늘에 가득 찬 것과 같은 마음

8. 청명한 빛

♦ 이 단계의 티베트어는 '마음(셈ᦞcmᦞ)'이다 티베트에서는 마음을 하늘에 잘 비유한다. 이 책의 원역자인 제프리 홉킨스는 두 번의 의사죽음 경험에서 첫 번째 경우에는 회색 빛으로 가득 찬 하늘과 같은 느낌을, 두 번째 경우는 선홍색으로 가득 찬 하늘과 같은 느낌을 받았다고 한다. 《사자의 서》에서는 처음 동방 아촉불의 구원의 빛인 어두운 회색빛이 다가온다고 하는데, 5~7까지의 세 단계를 거칠 때는 각 단계의 색으로 충만해지는 느낌을 받는다고 한다. 이러한 점에서 '하늘'이라는 비유를 쓴다.

죽음으로의 단계의 역순

1. 청명한 빛

2. 선명한 검은색이 하늘에 가득 찬 것과 같은 마음

3. 선명한 선홍색이 하늘에 가득 찬 것과 같은 마음

4. 선명한 흰색이 하늘에 가득 찬 것과 같은 마음

5. 등잔불

6. 반딧불

7. 연기

8. 신기루

⋮   죽음의 처음 네 단계:
       사대^{四大}의 붕괴

일반적으로 거친 요소들이 미세한 요소들로 분해된다. 의식을 지탱하던 거친 요소들이 점차 퇴화하면서, 미세한 요소들이 점점 더 그 모습을 드러낸다. 여기에는 여덟 단계가 있는데, 그 가운데 처음 네 단계는 다음과 같다.

첫째 단계: 흙의 요소들이 물의 요소들로 해체되고 퇴화한다. 뼈와 같이 몸 안의 딱딱한 요소들이 더 이상 의식의 지지대나 기반으로서의 역할을 수행하지 못한다. 단단한 요소들은 피와 고름과 같은 육체 내부의 액체로 해체 또는 변화된다. 그리고 의식의 기반 역할을 하는 물의 요소가 가진 능력이 점점 선명하게 드러난다.

육신은 깜짝 놀랄 만큼 말라 가고, 사지는 느슨해진다. 그리고 점점 힘을 잃어 간다. 몸의 생기와 윤기가 급작스럽게 감소되고, 점점 거칠어진다. 시야가 어두침침해지고 자신의 의지로 눈을 감거나 뜰 수 없는 상황에 이르게 된다. 이때가 되면 땅속 또는 진흙 속으로 침잠해 가는 것처럼 느낄지도 모른다. "도와주세요!"라고 외치거나 그 상태에서 빠져나오려고 몸부림칠지도 모르지만, 이때 중요한 것은 그렇게 애쓰며 몸부림치지 말아야 한다는 점이다. 오직 공덕의 마음가짐 안에 고요히 머물러야 한다. 마음속에 보이는 것은 단지 신기루에 불과하다.

둘째 단계: 물의 요소들이 몸을 유지시켜 주던 온기, 즉 불의 요소들로 해체되거나 변화한다. 이때 의식의 기반을 유지하는 데 이바지하던 불의 요소가 더 선명하게 드러난다. 의식과 감각이 한데 어우러져 느낄 수 있었던 기쁨과 고통 그리고 그 중간

의 감정들을 더 이상 경험할 수 없게 된다. 침과 치아 표면의 찌꺼기가 말라 버리기 때문에 입, 혀 그리고 목이 말라 간다. 오줌, 피, 체액, 땀과 같은 다른 액체들도 말라 버린다. 더 이상 소리를 들을 수도 없고, 귀에서 윙윙거리던 소리도 멈춘다. 마음에서 볼 수 있는 것은 한 모금의 연기 또는 방 전체를 가로지르는 엷은 연기, 굴뚝에서 뿜어져 나오는 연기와 같을 것이다.

셋째 단계: 불의 요소들이 바람의 요소들로 변하거나 해체된다. 이 바람의 요소는 공기 또는 에너지의 흐름으로 들숨, 날숨, 트림, 침 뱉기, 말하기, 삼키기, 관절의 유연성, 사지를 펴거나 움츠리기, 입과 눈꺼풀을 열고 닫기, 소화, 소변, 배변, 생리 그리고 사정에 이르기까지 다양한 몸의 기능들과 직접적으로 연결되어 있다. 몸의 온기가 점차로 사라지면서, 그 결과 음식물을 소화시킬 수 있는 기능이 사라진다.

만얀 그 사람이 공덕을 쌓지 않고 살았다면, 체온은 머리끝에 모였다가 심장으로 그리고 그 아래로 점점 내려간다. 즉 상반신이 먼저 차가워진다. 그러나 공덕을 쌓으며 선하게 살았다면, 온기가 발바닥에 모였다가 심장으로 그리고 그 위로 점차 올라갈 것이다. 즉, 하반신이 먼저 차가워진다.

냄새를 맡는 능력이 사라진다. 더 이상 주위에 있는 친구들의 움직임이나 소원에 관심을 가질 수 없을뿐더러, 이름조차 기억할 수 없게 된다. 날숨이 점점 더 길어지고 들숨이 점점 더 짧아지면서 호흡이 가빠지는 것을 느끼게 된다. 이때가 되면 목에서는 헐떡거리는 소리나 걸걸거리는 소리가 난다. 오직 마음속에서 볼 수 있는 것은 연기 안에 있는 반딧불이나 아주 약하게 타오르는 불꽃(등잔불)이다.

넷째 단계: 상대적으로 거친 바람의 요소들이 보다 미세한 의식으로 해체된다. 혀가 움츠러들어 딱딱해지고, 혀뿌리는 파랗게 변한다. 육신의 감각을 느끼거나 움직이는 것은 불가능하다. 기도를 통해 하던 호흡도 점차 사그라진다. 그러나 더 미세한 단계의 쁘라나 또는 호흡이 아직 남아 있기 때문에 코를 통해 하던 호흡이 멈춘다 해도 죽음의 과정이 완전히 끝난 것은 아니다. 이때 마음에서 볼 수 있는 것은 바람에 흔들리는 램프나 초의 불꽃과 같은 빛이다. 처음에는 빛이 버터나 왁스가 거의 다 연소될 때처럼 깜박거리다가, 의식들을 실은 쁘라나가 흩어지기 시작할 때 불꽃의 모습은 안정적으로 변한다.

일반적으로 인간의 몸은 네 가지 요소로 이루어져 있다. 그러나 이 얼개 안에 존재하는 쁘라나 혹은 에너지의 통로nādi와 그 통로를 통해 움직이는 쁘라나들은 매우 다양하다. 따라서 사람들은 몸이 해체되는 과정에서 서로 다른 경험들을 하게 된다. 바로 이것이 붓다께서 가르치신 몇몇 딴뜨라, 예를 들어《구햐사마자Guhyasamaja》,《짜끄라상와라Chakrasaṃvara》그리고《깔라짜끄라Kālachakra》와 닝마파에서 전승하고 있는 오래전에 번역된 딴뜨라 내용에 조금씩 차이가 있는 이유다. 이러한 사소한 차이는 주로 몸에 있는 에너지 통로와 이러한 에너지 통로를 통과하는 쁘라나들과 정수액들의 차이가 그 원인이다. 이러한 내적인 요소들은 개개인에 따라 다르기 때문에, 수행 역시 미묘한 차이가 있다. 심지어 내적인 요소들이 똑같다 하더라도, 마음을 통해 볼 수 있는 죽음의 내적인 표식들은 각각 다른 방식으로 드러나기도 한다. 이것은 수행자마다 집중하는 몸의 부분들이 다르기 때문이다.

우리는 이러한 과정을 지나는 동안 어떠한 불편함이나 방해도 없는 선한 마음가짐을 필요로 한다. 그리고 이것이 바로 8연에서 빤첸라마가 말하고자 하는 바이다. 우리와 같이 태어남과 죽음의 굴레에 속박되어 있는 평범한 중생은 여러 생에 걸쳐 행한 선한 행위와 나쁜 행위에 의해 만들어진 습관에 물들어 있다. 비록 그러한 행위들의 결과가 아직 나타나지 않았다 하더라도,

이러한 성향은 분명히 지금 이 순간에도 만들어지고 있다.

매 순간 우리는 무지에 의한 행위들을 하고 있고, 이러한 행위들은 우리가 윤회의 삶을 사는 원인이 된다. 아주 강력한 행위들은 현생뿐만 아니라, 다음에 올 몇 번의 생에 걸쳐서까지 영향을 미친다. 죽음의 시간이 가까워 오면, 좋은 쪽이든 나쁜 쪽이든 이러한 업의 성향 가운데 하나가 자라나서 다음 생의 기반을 이룬다. 이 밖의 다른 업은 건강, 재산과 능력 그리고 지력과 같은 삶의 질을 구축한다. 결론적으로 우리의 생각, 심리적 상태는 죽음이 가까워졌을 때 매우 중요한 역할을 한다.

삶의 전반에 걸쳐 공덕을 일으키는 선한 마음을 닦았다 하더라도, 죽음의 시간이 가까워지면 하나의 강력한 불선不善의 경향이 우리들이 가진 선하지 못한 모든 경향들을 불러일으킨다. 이때가 가장 위험한 때이다. 별것 아닌 소음에도 흥분과 분노가 급속도로 일어날 수 있다. 반대로 평소에 많은 공덕을 쌓지 않은 사람들이라 하더라도, 죽음이 가까웠을 때 덕 있는 마음을 일으킨다면 업의 성향은 공덕을 향하여 작용할 것이며 좋은 환생이라는 결과를 맞이하게 될 것이다.

그러므로 죽음의 시간이 가까울수록 더욱 신중해야 하고, 가능한 한 마음속에 일으킬 수 있는 모든 덕스러운 마음가짐을 일으켜야 한다. 죽음을 지켜보는 이들은 죽어 가는 사람의 마음이 매우 섬세하다는 점을 명심해야 한다. 죽어 가는 이들의 곁에서 큰 소리로 이야기하거나 울음을 터뜨린다든가, 물건을 들고 세게 흔든다던가 하여 방해해서는 안 된다. 그들을 위해 평화로운 환경을 만드는 것이 중요하다.

1. 네 가지 요소가 해체되어 가는 과정과 그에 수반하는 외적인 표식들에 대해서 배웠고, 이제 내적인 표식들에 대해서도 배울 것이다. 그러므로 지금 당장 죽음의 과정이 시작된다 해도 놀랄 필요가 없다.

2. 죽음의 시간이 가까울수록 신중해야 한다. 그리하면 좋은 성향들이 자라나서 덕이 있는 태도로 작용할 것이다.

3. 죽음을 예고하는 징표는 죽기 1~2년 전에 나타날 수 있다. 이러한 전조는 죽음을 준비할 필요가 있음을 예고하지만, 전조가 나타나기 전부터 수행하는 편이 좋다.

제9연

두렵고 끔찍한 여러 모습들이

특히 신기루, 연기, 반딧불이 나타날 때에,

여든 가지 자성에 의한 생각들◆이 사라져 갈 때,

존재의 불멸의 상태를 우리가 깨달을 수 있기를.

몸을 구성하는 네 가지 요소들이 해체되어 갈 때, 다양한 모습들이 나타난다. 때로는 눈과 귀의 기능이 채 사라지기 전에 특이한 모습들이나 소리들이 일어나기도 한다. 그리고 다양한 영상들이 의식에 나타난다. 예를 들어 몸이 쇠약해지는 병으로 고생하던 사람은 엄청난 공포를 일으키는 끔찍한 불길을 경험하기도 한다. 또 어떤 이들은 즐겁고 놀라운 영상들을 경험하며 평온한 상태에 머물기도 한다. 이러한 차이는 현생과 전생에 쌓은 선·악행에서 비롯한 업에서 생겨난다. 이러한 다양한 차이는,

---

◆ 여든 가지 마음의 상태. 서른세 가지는 성냄으로부터, 마흔 가지는 욕망으로부터, 일곱 가지는 어리석음으로부터 발생한다.

일출 전에 보이는 하늘빛에 따라 그날의 날씨가 정해지는 것처럼 이제 막 일어날 다음 생의 유형과 삶의 질을 예고하는 전조이다.

네 가지 요소가 하나씩 해체됨에 따라 죽음의 내적인 신호들이 일어나게 된다. 흙의 요소들이 물의 요소들로 해체될 때에는 사막의 신기루와 같은 모습이 떠오른다. 물의 요소가 불의 요소로 해체될 때에는 굴뚝에서 뿜어져 나오는 연기 혹은 방 전체에 퍼지는 가느다란 연기의 모습이 나타난다. 불의 요소가 바람의 요소로 해체될 때에는 반딧불 또는 솥의 바닥에 있는 숯검정에서 일어나는 불꽃과 같은 모습을 자아낸다. 바람의 요소의 해체에 대해서는 다음 장에서 다루기로 하자.

이러한 표식들 즉, 신기루, 연기, 반딧불 그리고 불꽃(등잔불)과 다음에 언급할 네 가지 모습은 점진적으로 나타난다. 이러한 영상들은 급사하거나 사고사를 당한 경우 또 무기 등에 의해 살해당한 사람에게는 완전한 단계로 나타나지 않는다.

1. 죽음의 순간, 우리는 그동안 쌓아 온 업의 힘에 의해서 수많은 모습을 보게 될 것이다. 때로는 두렵고 끔찍한 모습도 나타날 수 있다. 그러나 그러한 모습들에 현혹되어 마음이 산란해져서는 안 된다.

2. 죽음의 과정에서 나타나는 여덟 가지 양상 중, 처음 세 가지를 기억한다. 사막의 신기루, 굴뚝에서 뿜어져 나오는 연기나 방 안을 맴도는 가느다란 연기, 반딧불 또는 숯검정에 붙은 작은 불꽃.

제10연

바람의 요소들이 의식으로 해체되기 시작할 때,

날숨이 멈추고 거친 이분법적 사고가 해체될 때,

밝게 빛나는 버터 램프 같은 모습이 보일 때,

우리가 강한 정신 집중과 내관을 일으킬 수 있기를.

의식이란 밝게 비춤lumious과 인식knowing, 두 가지로 정의할 수 있다. 의식이 밝게 비춘다는 것에는 두 가지 의미가 있다. 하나는 의식의 특징이 명료하다는 것이다. 다른 하나는 마치 등불이 어둠을 몰아내 사물을 볼 수 있게 해 주는 것처럼, 사물을 비추거나 사물의 모습을 드러낸다는 뜻이다. 의식이 대상을 인식한다는 것은 대상을 제대로 알지는 못할지라도 최소한 그 대상들을 감지하고 있음을 의미한다.

의시은 세포, 원자 또는 분자로 구성되어 있는 것이 아니라, 순간으로 이루어져 있다. 이렇게 의식과 물질은 기본적으로 다른 성질을 가지고 있고 그렇기 때문에 근본적으로 서로 다른 원인을 가지고 있다. 한 물질은 또 다른 물질들을 그 근본적인 원인으로 삼는다. 근본적인 원인과 근본적인 결과 사이에는 반드시 부합하는 바가 있어야 하기 때문이다. 예를 들어 점토는 도자기의 근본적인 원인이다.

마음의 근본적인 원인은 반드시 그 스스로 밝게 빛남과 인식이라는 특징을 가지고 있어야 하며, 이것은 바로 이전 순간의 마음에서 형성된다. 그러므로 의식은 어떠한 순간이라도 그 근본 원인이 되는 이전 순간의 의식을 필요로 한다. 이는 그 시작을 알 수 없는 마음의 연속이 있어야 함을 의미하며, 어떻게 해서 끝없는 환생의 고리가 이어지는가에 대한 논증이기도 하다. 더불어 누군가가 한 생에 대한 정확한 기억을 지니고 있다고 한다면, 그것은 윤회에 대한 충분한 증거가 될 수 있다. 하지만 모든 사람이 이전의 삶을 기억해야 하는 것은 아니다.

이전 삶과 다음 삶이 존재할 수 없다는 것은 직접적으로 증명될 수 없지만, 이전의 삶을 명료하게 기억하는 경우는 분명 존재한다. 몸이 증진과 감소라는 조건에 의지하고 있다는 사실에도 불구하고 우리의 몸은 생명을 가지고 있다. 그리고 그 생명력이 고갈될 때 육체는 썩어 시체로 변한다. 우리의 몸이 썩지 않게 유지해 주는 생명력이란 '마음'이라는 점을 쉽게 알 수 있다. 육신이 의식과 결합되어 있다는 점이 몸의 부패를 막는 것이다. 그리고 마음의 연속이 다음 생을 향해 나아가는 것이다.

마음과 물질 사이의 본질적인 차이는 그들이 지닌 근본적인 원인이 다르다는 것을 의미한다. 그렇다고 해서 마음과 물질이 서로 교류할 수 없다는 것은 아니다. 실제로 둘은 다양한 방법을 통해 상호작용을 한다. 물질은 마음의 보조적 원인(연緣)이 될 수 있다. 예를 들어 안구 안에 있는 미세한 물질들이 안식眼識의 보조적인 원인이 될 수 있다. 또는 색깔이나 형체가 안식의 보조적인 원인으로 작용할 수 있으며, 우리의 몸은 의식 자체의 기반 또는 지지대의 역할을 수행하기도 한다.

마찬가지로 우리의 환경을 구축하는 행동이나 업은 의식이 유발하기 때문에 의식 또한 물질을 형성할 수 있다. 많은 생명의 공동 업력의 영향이 우리가 살고 있는 바로 이 세계를 형성한다. 무상요가 딴뜨라에 따르면, 의식은 쁘라나♦라는 물질에 실려 있다. 그러나 쁘라나의 가장 미세한 형태는 분자로 구성되어 있지

♦ 쁘라나prāṇa, wind는 '몸의 7만 2,000개의 통로를 통해 움직이는 가장 미세한 형태의 물질'이다. 한국에서는 '생기, 에너지, 숨' 등으로 번역하는데 '기氣'라는 표현은 도교의 기氣와 혼동될 가능성이 있어 쓰지 않는다. 기와 쁘라나가 완전히 다르다고는 볼 수 없지만 기와 쁘라나가 속해 있는 수행, 철학, 의학 체계가 다르기 때문이다. 홉킨스 교수는 일전에 사석에서 쁘라나를 "상호 투과가 가능한 최소 단위의 물질, 즉 에너지"라고 설명했다.

않다. 마음과 쁘라나의 밀접한 연합, 즉 그 둘은 차이를 분간할 수 없는 하나의 실체이기 때문에 깨달음을 얻은 이는 분자로 이루어진 몸을 넘어선 몸, 즉 미세한 쁘라나를 그 근본적인 원인으로 하는 몸을 현현할 수 있다. 정토*에 계시는 붓다의 완전한 환희신**이 그 예다.

근본적인 원인들과 협력적인 조건들이라는 원칙을 적용하면 어머니와 아버지의 물질(즉 난자와 정자)은 몸을 이루는 근본적인 원인으로 작용할 뿐 아니라 마음의 협력적인 원인으로 작용한다는 것을 알 수 있다. 정자와 난자는 이전에 살았던 삶의 의식이 수정될 때 의식의 근본적인 원인으로 작용하며, 몸의 협력적 조건으로 작용한다.

거친 단계의 몸은 그것이 비록 태아의 단계일지라도 의식의 육체적 뒷받침이라고 볼 수 있다. 마찬가지로 의식이 올라타고 있는 쁘라나는 마치 기수가 타고 있는 말처럼 의식을 뒷받침하는 물질적 존재가 된다. 의식이 육신으로부터 분리될 수는 있지만, 우리가 이번 생에서 다음 생으로 옮겨 갈 때처럼 의식은 가

---

* 모든 붓다와 보살은 각각의 권속과 정토를 가지고 있다.
** 붓다의 네 가지 몸 가운데 가장 미세한 몸.

장 미세한 쁘라나에서 절대 분리되지 못한다.

나는 가장 미세한 쁘라나나 에너지가 네 가지 요소, 즉 흙, 물, 불, 바람 가운데 하나로 분류될 수 있다고 생각한다. 미세한 쁘라나는 물질적인 단위를 넘어선 것이기 때문이다. 또한 가장 미세한 쁘라나는 가장 미세한 마음을 나타내는 한 측면이기도 하다. 과학적인 도구로 가장 미세한 쁘라나와 가장 미세한 마음을 측정하기란 불가능하다. 그러나 임상적 죽음의 경우, 의식이 몸으로부터 빠져 나가지 않아 아직 해체가 진행되지 않고 있는 동안에는 과학적으로 찾아낼 수 있을 것도 같다. 소수의 과학자가 이를 위해 몇 가지 기계를 가져왔지만 안타깝게도 그들이 머무는 동안에는 아무도 죽지 않았다. 그리고 영적으로 단련된 사람이 죽을 때 그 기계는 이미 고장이 나 있었다.

다양한 수준의 의식이 타고 있는 쁘라나나 에너지가 매우 약해지고 의식으로 완전히 해체될 때, 이전보다 더욱 미세한 마음이 현현한다. 넷째 단계에서는 여러 마음가짐을 실은 쁘라나가 해체되기 시작하면서, 처음에는 초의 불꽃과 같은 영상이 깜박이다가 점차 안정적으로 타오르는 영상으로 변하게 된다. 이때 날숨은 멈춰 선다. 세상에서는 이 상태를 죽음이라고 하지만, 실제의 죽음은 그 이후에 이루어진다. 이 단계에서 서로 단절된 독립적 존재로 주체와 객체를 나누는 이분법적 양상의 거친 단계들이 해체된다. 눈과 귀는 더 이상 형체를 보지 못하고 소리를 듣지 못한다. 코와 혀는 더 이상 냄새를 맡지 못하고 맛을 느끼지 못한다. 오직 마음의 밝게 빛남과 알고 있음의 본질만이 홀로 떠오르게 된다.

가령 죽음을 맞이했을 때, 정신을 집중할 수 있고 각각의 단계에서 나타나는 징표를 인식할 수 있다면 그리고 당신이 알고 있는 어떠한 공덕이든 생각하려고 애쓸 만큼 충분한 내관을 유지할 수 있다면, 당신의 수행은 매우 강력한 힘을 지닌 것이다. 최소한 그것은 다음 삶에 긍정적으로 작용하게 된다.

1. 마음과 물질이 서로 다른 근본적인 원인일지라도, 그 둘은 다양한 방법으로 영향을 주고받는다.

2. 신기루, 연기 그리고 반딧불과 같은 내적인 전조 이후에 촛불처럼 보이는 네 번째 내적인 전조가 나타난다. 처음에는 바람에 흔들리듯 깜박거리지만 곧 안정을 찾는다.

3. 이 시점에 코를 통해 나가던 날숨이 멈추고 외부의 자극에 대한 어떠한 의식적 반응도 없지만 아직 죽은 것은 아니다. 몸이 완전한 죽음에 이르기 전까지 방해해서는 안 된다.

4. 내적인 과정을 인식하게끔 도울 수 있는 내관과 정신 집중을 유지하면, 좋은 환생에 대한 강력한 깨달음과 영향을 촉진시킬 수 있다.

제7장

죽음의 내적인 구조

그대가 가 버릴 내일은
틀림없이 오고 있으리.

까니까에게 보내는 슈라의 편지

• • •

제11연

모습, 증가, 근성취의 세 가지가 이전에서 이후로 해체될 때,

햇빛과 달빛 그리고 암흑이 가득 찬 것 같은 경험이 나타날 때,

윤회와 열반이 공함을 깨닫는 요가에 의해

자신의 본성을 우리 스스로가 알 수 있기를.

　죽음이 진행되는 나머지 네 단계에 대한 윤곽을 잡기 위해서는 의식의 수위들과 에너지 통로의 구조, 쁘라나와 육체 내에 있는 정수액essential fluid. 精髓液에 대해 먼저 아는 것이 필수적이다. 이는 매우 중요한 딴뜨라의 생리학과 심리학에 속한다.

:   의식의 수위들

무상요가 딴뜨라에서 의식은 거친 단계, 세밀한 단계, 아주 세밀한 단계의 세 가지로 나뉜다. 거친 단계는 우리가 지닌 다섯 가지 의식을 말하는 것으로, 안식^{眼識}(눈)은 색깔과 모양을 감지하고, 이식^{耳識}(귀)은 소리, 비식^{鼻識}(코)은 냄새, 설식^{舌識}(혀)은 맛 그리고 신식^{身識}(몸)은 감촉을 감지한다. 이들은 행동의 특정한 영역, 즉 색깔과 모양, 소리, 냄새, 맛 그리고 감촉과 함께하는 개별적인 의식들이다.

다음 단계는 이러한 다섯 가지 의식보다는 좀 더 섬세하지만 여전히 거친 단계로서, 우리가 생각함으로써 생겨나는 의식이 여기에 해당한다. 이 단계는 다시 의식을 실은 쁘라나의 세 가지 유형에 따라 구분될 수 있다.

첫 번째 부류는 대상에 대한 쁘라나의 강한 움직임으로, 33가지 분별의식에 수반하는 경험을 포함한다. 두려움, 집착, 허기, 갈증, 자비, 성취 그리고 질투 등이 여기에 속한다.

두 번째 부류는 대상에 대하여 중간 세기의 움직임을 보이는 쁘라나에 실린 분별의식으로, 40가지가 있다. 환희, 당황, 관대함, 키스하고 싶어 하는 욕망, 영웅심, 속 좁음, 부정직함 등이다.

세 번째는 대상에 대한 약한 반응을 보이는 쁘라나에 실린 의식으로, 7가지가 있다. 망각, 물의 신기루를 보는 착각, 긴장, 침울, 게으름, 의심과 동등한 정도의 증오와 욕망♦ 등. (각각의 의식 또는 생각 안에도 거친 단계와 세밀한 단계가 있다.)♦♦

이들 의식 작용의 세 가지 분류는 여전히 거친 수위의 마음에 해당하지만, 처음 말한 다른 다섯 가지 의식보다는 좀 더 세밀하다. 말하자면 이들 세 가지 의식은 보다 깊은 단계의 의식을 반영하는 것으로서, 보다 깊은 단계의 의식으로 들어갈수록 우리의 이분법적 사고는 점점 더 줄어들게 된다. 이 세 가지 의식의 분류는 세 가지 미세한 수위의 마음의 흔적이기도 하다. 세 가지 미세한 마음은 명상의 깊은 단계에 들어 의식적으로 거친 수위의 마음을 제거할 때 혹은 죽음이나 깊은 잠에 들어 거친 수위의 의식이 자연스럽게 사라질 때 드러난다.

위에서 말한 80가지 분별적 사고를 실은 쁘라나가 무너질 때

―

♦ 동등한 정도의 증오와 욕망이란, 증오와 욕망이 바비되어 자아가 아무것도 할 수 없는 상태를 말한다.

♦♦ 이상의 세 가지 의식의 부류는 9연에서 말하는 여든 가지 자성을 가진 의식의 상태에 상당한다.

개념 또한 해체된다. 이때가 되서야 세 가지 미세한 수위의 의식이 현현하는데, 그 순서는 다음과 같다.

우선 선명한 흰색 모습을 가진 마음이 현현하고, 선명한 선홍색 모습을 가진 마음이 나타난 다음, 마지막으로 선명한 흑색을 띤 모습의 마음이 현현한다. 이에 관한 자세한 내용은 죽음의 다섯째 단계에서 일곱째 단계까지를 설명할 때 다시 언급하겠다.

이렇게 중간 단계의 미세한 의식의 현현은 결국 가장 미세한 수위의 의식인 청명한 빛으로 이어진다. 만일 우리가 이 청명한 빛의 단계를 수행 속에서 활용한다면, 이것이야말로 가장 강력한 효과를 지닐 것이다. 이에 대해서는 죽음의 여덟째 단계에서 설명하기로 하겠다.

죽음의 마지막 네 단계에 대해서 상세하게 논의하기 전에, 우리는 그것들이 의존하고 있는 변화에 대해 먼저 알 필요가 있다. 무상요가 딴뜨라의 생리학에 따르면, 이러한 현상들은 에너지 통로, 쁘라나 그리고 그 통로 안을 오가는 생명의 정수액에 의지하여 일어난다.

　　　몸 안의 에너지
　　　통로의 구조

몸 안에는 동맥, 정맥, 맥관, 신경 등을 포함하여 보이는 통로와 보이지 않는 통로가 7만 2,000개에 달하는데, 이들은 모두 임신 직후 심장이 될 부분에서 자라난다. 이들 중 세 가지 가장 중요한 통로는 눈썹 사이부터 시작해 정수리를 지나 척추의 전면을 타고 내려와 성기의 끝까지 뻗쳐 있다. 이러한 설명은 명상에 들어 있을 때 중간, 왼쪽 그리고 오른쪽 통로를 상상하는 방법인데, 실제 그 통로들이 위치한 곳과는 다소 차이가 있다. 하지만 이러한 방법으로 상상하는 것은 보다 미세한 마음의 수위를 이끌어 내는 데 매우 효과적이다. 이와 같은 신체적 설명은 단순히 명상을 하는 데 있어 집중해야 할 지점을 가리키기도 한다.

세 가지 통로의 가장 중요한 곳에는 각각 다른 수의 바큇살 또는 꽃잎을 가진 일곱 짜끄라가 있다.

1. **대환희의 짜끄라:** 정수리 안에 있으며, 32개의 꽃잎을 가지고 있다. 이것이 대환희의 짜끄라라고 불리는 이유는 환희의 근거인 백색의 정수액이 그 가운데에 있기 때문이다.

2. **즐거움의 짜끄라:** 목젖 가운데에 위치해 있으며, 16개의 꽃잎을 가지고 있다. 이것이 즐거움의 짜끄라라고 불리는 이유는 맛을 감지하기 때문이다.

3. **현상의 짜끄라:** 심장에 위치해 있으며, 8개의 꽃잎을 가지고 있다. 이것이 현상의 짜끄라라고 불리는 이유는 모든 현상의 근원인 가장 미세한 마음과 쁘라나 그 자체가 머물고 있기 때문이다.

4. **발산의 짜끄라:** 명치에 위치해 있으며, 64개의 꽃잎을 가지고 있다. 이것이 발산의 짜끄라라고 불리는 이유는 요가 수행을 통해 점화되며, 거대한 환희를 일으키는 도구인 내적인 불꽃이 머물고 있기 때문이다.

5. **환희-지속의 짜끄라:** 치골에 있으며 32개의 꽃잎을 가지고 있다. 이것이 환희를 지속시키는 짜끄라라고 불리는 이유는 가장 깊은 정도의 환희가 치골로부터 지속되기 때문이다.

6. **보석의 중심 짜끄라:** 성기의 끝에 위치하며 16개의 꽃잎을 가지고 있다.

7. **미간의 짜끄라:** 16개의 꽃잎을 가지고 있다.

심장 지점에서 좌우 통로는 에너지 통로를 세 차례 휘감는다. 또한 각각의 에너지 통로는 스스로 고리를 만들면서 아래를 향하기 시작한다. 그 결과 여섯 겹의 죄어진 부분이 심장에 위치하는데, 이것이 중앙의 에너지 통로에 위치한 쁘라나의 통로를 방해한다. 이 죄어진 부분은 매우 엄밀한 부분이기 때문에, 심장은 명상 중 집중하기에 위험한 부분이기도 하다. 적합한 명상 방법이 사용되지 않으면 신경조직을 망가뜨릴 수 있으니 조심해야 한다.

각각의 중심점(미간-정수리-인후-심장-명치-척추의 근저-성기)에서 오른쪽과 왼쪽의 에너지 통로들이 중앙의 에너지 통로를 한 번씩 휘감는다. 또한 각각의 에너지 통로는 그 자신을 한 번씩 휘감는데, 이로 인해 두 개의 죄어진 부분이 만들어진다. 오른쪽과 왼쪽의 에너지 통로는 쁘라나로 팽창되어, 중앙의 에너지 통로를 막음으로써 쁘라나가 움직이지 못하도록 한다. 이들 죄어진 부분들은 '매듭'이라고 불린다. 다시 한 번 말하지만 에너지 통로의 구조와 짜끄라에 대한 설명과 그림은 수행을 위한 도구일 뿐이다. 이는 실제 모습이나 위치와 정확히 일치하지 않으며 사람마다 큰 차이가 있다.

∴   몸 안의 쁘라나 구조

마음은 쁘라나 또는 에너지의 움직임을 통해 대상에 집중한다. 마음은 기수가 말을 타듯이 쁘라나를 타고 있다. 무상요가 딴뜨라에 따르면, 우리의 생리-심리적 구조는 다섯 가지 주요한 쁘라나와 다섯 가지 보조적인 쁘라나를 수반한다.

1. **생명-유지의 쁘라나:** 심장에 있는 에너지 통로들에 주로 위치하고 있으며, 생명을 유지하는 기능을 가지고 있다. 또한 다섯 가지 보조적인 쁘라나를 일으키는 역할을 수행한다. 여기서의 다섯 가지 보조적인 쁘라나는 감각과 주의력을 관장한다.

2. **하향-배설의 쁘라나:** 하복부에 있는 에너지 통로들에 주로 위치하고 있으며, 자궁 또는 정낭精囊, 방광, 넓적다리 등으로 옮겨 다닌다. 이 쁘라나는 소변, 배변 그리고 월경에서 시작하고 멈춘다.

3. **불-머무름의 쁘라나:** 수행을 통해 내부의 열을 일으키는 명치에 있는 에너지 통로들에 위치해 있다. 이 쁘라나는 소화, 정제된 것과 정제되지 않은 것의 분리 등을 담당한다.

4. **상승-움직임의 쁘라나**: 주로 목젖에 위치하고 있다. 인후와 입을 통하여 작용하면서, 말, 맛보기, 삼키기, 트림, 토하기 등을 담당한다.

5. **편재^{遍在}의 쁘라나**: 관절에 위치하고 있으며 사지를 움직이고, 사지의 이완과 수축 그리고 입과 눈을 열고 닫는 일을 관장한다.

위에서 볼 수 있듯이, 쁘라나는 육체와 정신의 기능을 움직인다. 건강하다는 것은 이 쁘라나들이 자유롭게 움직인다는 뜻이며, 이러한 쁘라나들이 막히면 문제가 일어난다.

일반적으로 쁘라나는 중앙에 위치한 에너지 통로에서는 움직이지 않는다. 예외가 있다면 그것은 죽음의 때이다. 그러나 아주 깊은 수행을 통하여 더욱더 깊은 마음의 단계를 드러나게 함으로써 살아 있을 때에도 중앙의 에너지 통로에서 쁘라나를 움직이게 할 수 있다. 죽음의 마지막 네 단계를 지나는 동안, 의식의 기반으로서 작용하던 쁘라나는 좌우의 에너지 통로로 들어가 그곳에서 해체된다. 반대로 좌우 에너지 통로의 쁘라나들은 중앙의 에너지 통로로 들어가 그곳에서 해체된다. 이때 오른쪽과 왼쪽의 에너지 통로가 수축되면서 중앙 에너지 통로를 막던 매듭이 느슨해진다. 오른쪽과 왼쪽의 통로가 수축될 때 중앙 통로가 자유로워지고, 그때 중앙 통로에서 쁘라나가 움직일 수 있게 되는 것이다. 이러한 중앙 통로의 쁘라나 움직임은 미세한 마음들을 현현시키는데, 이는 무상요가 딴뜨라 수행자들의 수행 목표이기도 하다. 깊은 환희가 머무르고 있는 쁘라나는 대상을 향해 마음이 움직이는 것을 강력하게 저지하고, 그때 마음은 진리를 깨닫는 데 있어 더욱 강력한 힘을 갖는다.

20년도 훨씬 전에 있었던 일이다. 가까운 마을에 여든 살을 훨씬 넘긴 비구니가 한 명 살고 있었는데, 사람들은 종종 그 비구니를 찾아가 점을 봐 달라고 부탁했다. 하루는 그 비구니가 나를 찾아와 만나길 청했다. 나는 그녀에게 닝마파의 '돌파와 약진'이라고 불리는 수행을 소개해 주었고, 우리는 이런저런 일상적인 대화를 나누었다. 그녀는 자신의 일생에 대해 이야기해 주었다.

그녀는 티베트에 머물던 젊은 시절 남편을 만나 결혼했지만, 남편이 죽은 뒤에 재산과 속세의 삶을 버리고 출가한 후 성지순례에 올랐다고 한다. 그러다 디꿍 지방에 도착했을 때 산속에 살고 있는 여든 살이 넘은 라마 한 분을 만날 수 있었다. 그 라마에게는 제자가 열두 명 있었는데, 그녀는 스님들이 가사를 날개처럼 사용하여 언덕 꼭대기에서 다른 언덕 꼭대기로 날아가는 것을 두 번 보았다고 했다. 그녀는 정말로 그것을 본 것이다.

사실이라면 그것은 마술과 같은 일일뿐만 아니라, 바람의 요가를 수행한 결과이다. 외딴 지역에 늙은 라마와 함께 살고 있던 스님들은 수행을 온전히 이룬 것이고, 그러한 수행을 통해 에너지 통로의 매듭을 느슨하게 만든 것임에 틀림없다. 내가 보기에 그들은 자성공自性空의 관觀과 자애와 연민에서 오는 이타심을 가지고 있었던 것 같다. 그들은 아는 것이 많고 적고를 떠나, 공성을 이해하는 요체를 가지고 있었던 것이다.

⋮ 몸 안의 정수액

가장 위에 위치한 짜끄라의 중심에는 흰 정수액이, 가장 아래의 짜끄라의 중심에는 붉은 정수액이 있으며, 이는 건강한 정신과 육체의 기반을 이룬다. 정수리에는 흰색의 요소가 지배적인 반면에, 명치에는 붉은색의 요소들이 지배적이다. 이들 정수액은 모두 심장에 위치한 가장 기본이 되는 정수액들로부터 나온 것이다. 심장에 위치한 정수액의 크기는 큰 겨자씨나 작은 콩알 정도의 크기로, 다른 것과 마찬가지로 위쪽은 흰색이고 아래쪽은 붉은색을 띤다. 이러한 가장 근본적인 정수액은 우리가 죽을 때까지 지속된다. 특히 심장에 있는 정수액을 '불괴^{不壞}의 정수액'이라고 부르기도 한다. 매우 세밀한 생명 유지의 쁘라나는 이 정수액 안에 머물고 있다. 죽음의 때에 모든 쁘라나는 궁극적으로 생명 유지의 쁘라나로 분해된다. 그리고 그때, 죽음의 청명한 빛이 점점 밝아진다.

이제 이러한 여러 단계의 의식과 에너지 통로 그리고 여러 가지의 정수액에 대한 간략한 소개를 기초로 하여 어떠한 의식의 수위가 죽음의 마지막 단계로 해체되는지 살펴보겠다.

: 죽음의 마지막
   네 단계의 전개

죽음의 마지막 네 단계는 미세한 마음의 세 가지 수위로부터 시작하여, 아주 세밀한 마음의 한 단계로 끝을 맺는다. 또 의식의 거친 수위들이 점차 사라지면서 마음의 미세한 세 단계가 그 모습을 드러낸다. 이 세 단계를 지나감에 따라 우리의 의식은 점점 더 이분법적인 사고에서 벗어나게 되는데, 이것은 주체와 객체라는 인식이 점점 줄어들면서 가능해지는 것이다.

다섯 번째 단계: 의식의 거친 수위에 속하는 여든 가지 개념들이 해체될 때, 세밀한 세 가지 마음 중 첫째 단계인 선명한 흰색 모습이 떠오른다. 이것은 마치 가을 하늘이 흰 빛으로 가득 차는 듯한, 빛나는 공(空)함이다.♦ 이 단계에 이르면 흰색 빛 외에는 어떠한 것도 마음에 보이지 않게 된다. 불교 교리에서는 '가을 하늘'의 비유를 많이 쓰는데, 그 이유는 불교가 유래한 인도의 가을 하늘에서 비롯된다. 비가 많이 내리는 여름의 몬순기후가 끝나고 찾아오는 인도의 가을은 구름 한 점, 먼지 한 점 없이 맑기 때문이다. 허공이나 하늘의 경우도 이와 마찬가지로, 장애물이 없고 거친 개념들이 사라져 맑음의 감각만을 남긴다. 이 미세한 세 단계의 마음 가운데 첫째 단계는 '모습'이라고 불리는데, 달빛과 같은 모습이 밝게 빛나기 때문이다. 하지만 이는 몸 밖으로부터 오는 빛이 아니다. 이 상태는 또한 '공함'이라고 불

♦　이 공한 상태는 무(無)가 아니라 다양한 가능성을 가진 상태의 공성이다.

리는데, 그 이유는 여든 가지 개념과 그 개념들을 실은 쁘라나들이 사라졌기 때문이다.♦

생리학적 관점에서 보자면, 이러한 일련의 일들은 죽은 사람이 절대 경험할 수 없는 것으로 보이지만 이것은 실제로 죽음의 다섯째 단계에서 일어나는 일들이다.

(1) 심장 위쪽에 위치한 좌우 에너지 통로에 있던 쁘라나들이 중앙의 에너지 통로로 들어간다. 이로 인해 중앙 에너지 통로의 위쪽이 열리고, 쁘라나들은 정수리를 향한다.

(2) 이때 정수리 에너지 통로의 짜끄라 매듭이 느슨해진다.

(3) 이것은 다시, 정수리에 있으며 물의 성질을 띤 흰 정수액을 아래쪽으로 향하게 한다. 이 정수액이 중앙 에너지 통로를 묶고 있는 좌우 에너지 통로의 여섯 겹짜리 매듭에 이르면, 선명한 흰색 모습이 빛을 발한다.

여섯째 단계: 흰색 모습을 가진 마음과 그 쁘라나가 '모습의 증가'의 마음으로 분해될 때, 선명한 선홍색 모습이 스스로 빛나게 된다. 이것은 마치 구름 한 점 없는 가을 하늘에 선홍빛이 가

♦ 이 여섯째 단계에서 여덟째 단계에 이르기까지 공함은 점점 증가한다.

득 비쳤을 때의 광경처럼 아주 밝게 빛나는 맑음의 상태이다. 그 밖에 어떠한 것도 보이지 않는다. 이 상태를 '모습의 증가'라고 부르는데, 매우 선명한 햇빛과 같은 모습이 나타나기 때문이다. 그러나 이전과 마찬가지로 몸 밖에서 들어오는 빛이 빛나는 것이 아니다. 이 상태는 '더욱 공함'이라고도 불리는데, 그 이유는 다섯째 단계의 모습이 가득 찬 마음과 마음이 타고 있던 쁘라나를 넘어선 상태이기 때문이다.

몸에서는 다음과 같은 일이 일어난다.

(1) 심장 아래쪽에 있는 좌우 에너지 통로에 있던 쁘라나가 중앙 에너지 통로로 들어간다. 이로 인해 중앙 통로의 아래쪽이 열리면서, 에너지가 척추의 근저 또는 성기를 향한다.

(2) 이때 배꼽과 성기의 짜끄라 매듭이 느슨해진다.

(3) 그리하여 배꼽 짜끄라 한가운데에 있던 작은 수직선 모양의 붉은 정수액이 위로 향한다. 이 붉은 정수액이 심장에 있는 좌우 에너지 통로의 매듭 바로 아래쪽에 도착하면서 선홍색 '모습의 증가'의 마음을 빛나게 한다.

일곱째 단계: 선홍색 '모습의 증가'의 마음과 그 쁘라나가 근

성취近成就의 마음으로 해체되면서 선명한 검은색이 모습을 드러낸다. 이제 먼지 한 톨 없이 깨끗하던 가을 하늘이 온통 짙은 검은색으로 뒤덮이는 것처럼 보인다. 이 단계에서도 마찬가지로 검은색 이외에는 아무것도 보이지 않는다. 검은색 근성취의 마음 첫 부분에 머무는 동안에도 우리는 여전히 의식을 가지고 있다. 그러나 그다음 부분에 이르는 동안 매우 짙은 어둠 속에서 마치 기절하듯 의식을 잃게 된다. 이 상황을 "근성취近成就"라고 부르는데, 이것은 '청명한 빛의 마음'이 현현하는 단계에 매우 가깝기 때문에 붙여진 이름이다. '훨씬 더 공함'이라고도 불리는데, 이는 '모습의 증가'의 마음을 실은 쁘라나 너머에 있기 때문이다.

몸에서는 다음과 같은 일들이 일어난다.

(1) 중앙 에너지 통로 위아래에 있던 쁘라나들이 심장에서 모이면서, 좌우 에너지 통로가 맺고 있던 여섯 겹의 매듭이 풀린다.

(2) 이때 정수리로부터 내려온 흰색의 정수액이 심장 위쪽에서부터 더 아래쪽으로 내려오고, 배꼽의 짜끄라로부터 유래한 붉은색의 정수액이 심장 아래쪽에서 위쪽으로 올라간다. 그리고 이 둘은 심장에 위치한 불괴不壞의 정수액

186

중심으로 들어간다.

(3) 두 정수액이 만날 때, 선명한 검은색 모습이 시작된다.

여덟째 단계: 검은색 근성취의 마음의 둘째 부분인, 무의식의 상태에서 마음은 더욱더 미세해진다. 쁘라나의 움직임은 점점 더 약해지고 가장 미세한 쁘라나의 상태가 일어난다. 이 시점에서 무의식은 걷혀 버리고, 모든 마음 가운데 가장 미세한 마음이며 개념에 얽매이지 않고 이분법이 완전히 사라져 버린 '청명한 빛의 마음'이 일어난다. 이 상태에 이르면 모든 개념적 활동이 사그라지고 세 가지 오염된 조건들, 즉 하늘 본래의 색을 방해하던 흰색(달), 붉은색(태양), 검은색(암흑)이 해체된다.

비로소 아주 깨끗한 맑음이 드러난다. 마치 일출 직전의 가을 하늘처럼 어떠한 것도 보이지 않는다. 이 가장 깊은 의식은 '근본적으로 가지고 있던 청명한 빛의 마음'이라고 불리며 '모든 것의 공함'이라고 불리는데, 이것은 여든 가지 개념들과 세 가지 미세한 마음 너머에 존재한다.

몸에서는 다음과 같은 일들이 일어난다.

(1) 흰색과 붉은색의 정수액이 심장에 있는 불괴의 정수액으로 분해된다. 흰색의 정수액은 불괴의 정수액의 위쪽으

로, 붉은색의 정수액은 불괴의 정수액의 아래쪽으로 분해된다.

(2) 동시에, 중앙 통로에 있던 쁘라나는 더욱 미세한 생명-유지의 쁘라나로 용해된다.

(3) 이것은 더욱 미세한 쁘라나와 '청명한 빛의 마음'이 현현할 수 있도록 돕는다.

대부분의 사람들에게 있어 가장 미세한 단계의 마음이 현현할 때, 죽음이 일어난다. 가장 미세한 의식은 보통 몸속에 3일간 머무르게 되는데, 만일 몸이 질병으로 인해 황폐해졌다면 가장 미세한 의식은 단 하루도 머물지 못할 수도 있다. 유능한 수행자에게 있어 이 순간은 수행을 위한 소중한 기회다. '청명한 빛의 마음'을 인식하는 사람들은 이 상태에 더 오랜 기간 머무를 수 있는데, 이는 이전에 얼마나 수행했는가에 달려 있다. 그들은 이 기회를 윤회와 열반을 포함한, 모든 현상의 자성이 공함을 깨닫는 데 사용하기까지 한다.

⠿ 공성을 깨달음

공성이라는 불교의 교리를 이해하는 것은 현실적이고 두려움
없이 생활하고 죽는 데 있어 매우 결정적인 역할을 한다. 공성은
아무것도 없음을 의미하지는 않는다. 사람들은 보통 공성을 아
무것도 없는 상태를 이르는 말로 생각하지만, 그렇지 않다.

그렇다면 무엇이 현상의 공함일까? 공성에 의해 부정되는 것
이 무엇인지 이해하지 못한다면 우리는 부정되는 그것의 부재,
즉 공성을 이해할 수 없다.

붓다는 종종 모든 현상이 서로 의존하여 발생하기 때문에 현
상들은 관계되어 있다고 말한다. 이 말은 그 현상들이 그 자신의
부분과 원인 그리고 조건에 의존해 있다는 뜻이다. 예를 들어 우
리의 몸은 독립적으로 존재하지 않는다. 오히려 몸은 난자와 정
자, 물과 음식을 포함한 수많은 원인들에 의존하고 있다. 또한
우리의 몸은 그것을 이루는 각 부분, 즉 팔과 다리, 몸통 그리고
머리에 의존하고 있다.

마치 스스로의 힘으로 존재하는 것처럼 보이는 자신의 몸이
그것을 구성하는 팔, 다리, 몸통, 머리와 같은지 다른지 점검해
보라. 만일 당신의 몸이 보이는 그대로 존재하는 것이어서 진정

실재한다면 몸을 이루는 각각의 부분들 가운데 어떠한 한 부분이든, 그러한 부분들의 총합이든, 완전히 다른 어떤 것이든 간에 그것을 분석하는 동안 더욱더 명확해질 것이다. 자신의 몸을 자세히 들여다볼수록, 그 어떠한 분석법으로도 자신의 몸을 찾을 수 없음을 더욱 명확히 알게 될 것이다.

이는 모든 현상에도 똑같이 적용된다. 우리가 위와 같은 방법을 통해 현상을 찾을 수 없다는 것은, 그 현상이 스스로의 힘으로 존재하지 않음을 뜻한다. 즉, 그 현상들은 자신만의 힘으로 이루어진 것이 아니다. 현상은 변치 않고 존재하는 것이 아니다. 오히려 모든 현상은 그 정반대의 모습을 우리에게 보여 준다.

그러나 이 말이 모든 중생이나 사물이 존재하지 않는다고 말하는 것은 아니다. 그렇다기보다 단지 중생이나 사물들이 확연하게 보이는 그 방식대로 존재하지 않는다는 의미이다. 무엇인가를 잘 분석하고 명상할 때 우리는 사람들과 사물들이 현실에서 존재하는 방법과, 그들의 공성 사이의 어우러짐에 대해 잘 이해할 수 있을 것이다. 그러한 이해 없이 현상의 공성과 겉으로 드러나는 모습은 서로 모순된 듯이 느껴진다.

모든 현상, 원인들과 결과들, 행위자와 행위들, 선과 악은 단지 세속적으로 존재할 뿐이다. 실제로 그들은 상호의존하여, 즉 연기하여 일어난다. 현상들은 다른 요소들에 의존하여 존재하기에 독립적으로 존재한다고 할 수 없다. 이러한 독립적 존재 가능성의 부재 또는 자성의 공함은 그들의 궁극적인 실재이다. 이것을 이해하는 것이 바로 반야지이다.

고통의 가장 근본적인 원인은 무지이다. 여기서 무지란 살아 있는 존재들과 대상들이 영원히 존재한다고 하는 잘못된 개념이다. 모든 마음의 그릇된 상태는 이러한 개념들을 그 뿌리로 한다. 수행의 주요 목적은 반야지를 통해 이러한 무지를 치료하고 없애는 데 있다. 궁극적 실재에 근거한 반야지의 의식은 살아 있는 존재들과 그 밖의 다른 현상들이 영원히 그 모습 그대로 존재하지는 않는다는 점을 이해한다. 이것이 공성의 반야다.

제1대 빤첸라마의 저작 가운데 내게 가장 감명 깊고 많은 영향을 주었던 것은 《근본무명根本無明을 논함》이라는 책이다. 이 책은 샨띠데바(적천寂天)의 《입보리행론》에서 다루었던, 자기중심적 사고와 다른 사람을 위하는 사고에 대한 논의와 매우 유사하다. 제1대 빤첸라마의 《근본무명根本無明을 논함》은 중생과 사물은 영원히 존재한다는 무지몽매한 사고와 연기와 공성의 지혜 사이의 열띤 토론을 담고 있다. 빤첸라마의 이 책을 읽을 때, 나는 스스로 내 중관中觀에 대한 견해가 최고의 경지에 미치지 못함을 깨달았다.

빤첸라마의 설명 덕에 나는 결국 자성을 부정하게 되었고, 사람과 현상이 단지 명목상인 것이며, 개념에 의해 구축되어 있는 허구의 존재임을 인정하는 일이 얼마나 어려운지 깨달았다.♦ 이는 쫑카빠의 《보리도차제론광석菩提道次第論廣釋》에 나오는 위빠사나 명상에 대한 상세한 설명에서 다음과 같이 확인할 수 있다.

비록 그대의 마음에

자성自性의 부재 안에서 원인과 결과의 연기를 긍정하기는 힘들더라도,

중관中觀의 가르침에 그대가 의지한다면

그것은 대단히 훌륭한 일일 것이다.

나는 중생과 사물이 그들의 모습을 드러내는 방식에 대해 부

♦ 우리의 일상은 모든 것이 찰나에 생멸하는 존재, 즉, 무아無我임을 인지하지 못한다는 전제로 구축되어 있다. 예를 들어 이 책을 읽는 순간에도 책과 독자가 인과 연에 의지한 연기적 존재라는 것을 매 순간 알아채지는 못하고 있을 것이다. 따라서 무아 즉, 나와 현상에 인과가 없는 영원한 참나가 없다는 것을 현실 속에서 깨닫는 것은 철저한 수행과 사색을 통해 무아관을 익히지 않는 이상 거의 불가능하다. 달라이라마는 여기서 아주 짧게, 당신 역시 무아를 이해하기는 쉬워도 실천하기는 쉽지 않았다는 점을 솔직하게 말하고 있다.

정하지 않는다. 이 글에서도 형상에 대해서는 언급하지 않은 채 남겨 두었으며, 자성을 부정하는 것은 기본적이고 전통적인 모습을 넘어선 것이라고 생각했다. 그러나 제1대 빤첸라마의 글의 의미를 되새기면서 새로운 이해를 얻게 되었다. 내가 어떠한 새로운 견해를 얻게 되었는지는 18세기 말, 19세기 초에 살았던 티베트의 수행자이며 학자인 궁탕 꾄촉 텐뻬 된메[*]의 시에 가장 잘 설명되어 있다.

> 자성을 분석을 통해 찾아보았다는 사실 때문에,
>
> 아무것도 찾을 수 없다는 그 사실이 자성을 부정하리.
>
> 그러나 아무것도 찾을 수 없음,
>
> 이것이 추구하는 것의 근간을 부정하지는 않는다.
>
> 그리고 그리하여 결국 가립[假立]되어 있는 것이 보일 것이네.

이 시에서 된메 스님은 자성은 부정하지만 현상을 부정하지는 않는다. 현상의 모습 그 자체도 부정되지 않는다. 사실, 현상 그 자체는 부정할 수 있는 것이 아니라, 자신의 특징적인 존재

◆ 티베트어로는 gung thang dkon mchog bstan pa'i sgron me.

방식에 따라 성립된 모습을 우리에게 드러내는 것이다.

몇몇 부수적인 자성은 부정하는 것 같다. 그렇지만 이러한 견해는 두 가지 중관학파 가운데 낮은 쪽인 정립적귀류논증-중관학파Svatantrika-Mādhyamika의 견해이다.

정립적귀류논증-중관학파의 관점에서 볼 때, 가령 현상들이 궁극적으로 설립되어 있다면 그 현상들은 그들의 존재 방식 자체로 설립된 것이며, 그러한 경우 현상들은 최고의 반야지에서 반드시 드러나야 한다. 그러나 네 가지 요소와 같은 현상들은 최고의 반야지에서는 볼 수 없으므로, 그들은 궁극적으로 존재하지 않는 것이다. 이것이 정립적귀류논증-중관학파의 관점이다. 이러한 관점은 앞서 인용한 쫑카빠의 견해와는 대치된다. 쫑카빠는 앞의 시에서 두 중관학파 가운데 보다 높은 쪽(비정립적귀류논증-중관학파)의 견해에 대해서 언급했다. 정립적귀류논증-중관학파의 주장에 따라 현상을 분석해 보면 원인과 결과의 연기법을 긍정하기가 그리 어렵지 않다.

제1대 빤첸라마의 《근본무명根本無明을 논함》은 어떤 물질이 우리에게 보일 때, 바로 그 시점부터 그들 고유의 특성에 따라 모습을 드러내는 것이며 또한 이 모습이 부정될 때 마치 현상 그 자체가 더 이상 존재할 수 없는 것처럼 보인다는 점을 명확하게 지적하고 있다. 이것이 바로 쫑카빠가 무자성^{無自性}을 견지하면서 원인과 결과의 연기법을 이해하는 것이 힘들다고 말한 이유다. 제1대 빤첸라마의《근본무명^{根本無明}을 논함》의 도움을 받아 나는 쫑카빠가 말한 진정한 의미를 알 수 있었다.

우리 자신이 하나도 여럿도 아니며 단수도 복수도 아니라는 논증(일다논증^{一多論證})을 통해 그 무엇도 불변한 채로 영원히 존재할 수 없다는 사실을 깨닫는 것이 중요하다. 이러한 견해를 유지할 때, 자성을 가진 영원한 존재를 인정하는 무지에서 벗어날 수 있다. 그러나 이러한 깨달음은 자성의 존재라는 개념을 완전히 극복한 것은 아니다. 왜일까? 우리 자신, 즉 자성의 존재인 '나'라는 세속적인 개념이 의식에 남아 있기 때문이다. '나'라는 개념이 보일 때 그리고 부정되어야 할 자성의 개념이 나타날 때 필요한 것은 몸과 마음을 관찰하고 있는 마음에 나타나는 '나'라는 개념은 존재하지 않는다는 사실을 깨닫는 것이다. '나'는 존재하지 않는다. 제1대 빤첸라마는 이렇게 말한다.

마음과 몸을 관찰하는 동안에 일어나는
'나'의 진정한 존재를 오직 부정하고,
바로 그 부재를 그대의 집중의 대상으로 삼으라.

청정한 모습을 가지고, 그것의 힘을 망치지 않은 채로.

제1대 **빤첸라마**는 만일 우리가 이러한 방법에 따라 명상을 한다면 자성의 개념을 무너뜨릴 수 있다고 말한다.

우리는 죽음의 단계에서 현상의 궁극적인 본성과 자성의 공성을 더욱 미세하고 강력한 마음의 대상으로 추구해야 하며 오직 그것에 집중해야 한다. 이 수행을 통해 우리는 자신의 궁극적인 본성을 알 수 있을 것이다. 우리는 세속적인 진리인 속제^{俗諦}와 궁극적인 진리인 진제^{眞諦} 가운데, 궁극적인 진리인 자성의 부재에 마음을 두어야 한다.

1. 수많은 마음가짐과 개념이 각각의 대상에 대한 쁘라나의 움직임 속에서 각기 다른 힘을 가지고 있음을 알아야 한다.

2. 네 가지 내적인 징표가 지나간 후 세 가지 미세한 마음, 즉 선명한 흰색 모습, 선홍색 '모습의 증가' 그리고 검은색 성취로의 근접이 떠오른다.

3. 더욱 미세한 마음들을 공성의 진리를 깨닫는 데 활용한다.

4. 공성은 존재의 무無를 의미하지 않는다. 이는 존재와 사물의 자성의 결여를 뜻한다.

5. 현상을 분석하는 방법을 익혀야 한다. 현상이 그들을 구성하고 있는 각각의 부분인지 또는 그 부분의 합인지, 아니면 완전히 다른 어떤 것인지에 초점을 맞춘다. 이는 현상이 분명히 존재하는 것처럼 보이지만 사실 그렇지 않음을 보여 줄 것이다.

6. 모든 원인과 결과, 행위자와 행위, 선과 악은 단지 세속적으로만 존재할 뿐이며 그들은 연기하는 존재이다.

7. 현상의 독립성의 부재 또는 자성의 공함이 현상의 궁극적인 진리이다. 이것이 반야지를 이해하고 있는 것이며, 현상의 원인이 되는 탐욕과 증오 그리고 고통 너머에 숨어 있는 무지를 무너뜨리는 것이다.

8. 이러한 수행을 통해 우리 자신의 궁극적인 본성과 현상의 궁극적인 본성을 깨달아야 한다.

제8장

죽음의 청명한 빛

몸은 진흙 그릇처럼 영원하지 않다는 것을 깨달으라.
현상은 신기루처럼 자성이 없다는 것을 알라.
꽃들처럼 마음을 끄는 집착이라는 해로운 무기를 파괴함으로써,
그대는 죽음의 시야조차도 넘을 수 있을 것이다..

붓다

• • •

제12연

근성취^{近成就}가 일체공^{一切空}으로 해체되고

모든 개념적 증가가 완전히 사라지고

염오의 조건들로부터 자유로운

가을 하늘과 같은 경험이 일어날 때,

청명한 빛의 모자^{母子}가 만날 수 있기를.

무상요가 딴뜨라에 의하면 '청명한 빛의 마음'보다 더 미세한 마음은 없다. '청명한 빛의 마음'은 윤회와 열반의 모든 형상의 근본으로서 작용하며 시작 없는 무시^{無時}이래로 계속 존재해 왔다. 이것은 한시적으로 나타났다가 사라지는 것이 아니기에, 근

본적인 마음(근본심根本心)이라고 불린다. 이에 비하여 검은색 성취에 가까움(근성취近成就), 선홍색 '모습의 증가' 그리고 흰색을 띤 모습 등은 태어나면서 새롭게 발생하기도 하고 조건의 힘이 사라지면 그들 역시 사라지기 때문에 한시적으로 발생한 것이라고 불린다. 이 모든 공하고 근본적으로 내재해 있는 '청명한 빛의 마음'이 가장 깊은 곳에 위치한 마음이다.

이를 제외한 다른 마음은 정도의 차이는 있지만 모두 거친 마음으로 볼 수 있다. 마음의 흰색 모습, 선홍색 '모습의 증가', 검은색 근성취가 아무리 미세하다 하더라도 '청명한 빛의 마음'과 비교하면 그 역시 거칠다고 할 수 있다. 청명한 빛의 근본적이고 본래적인 마음과 비교해 본다면, 모든 마음은 일반적인 의식들과 마찬가지로 한시적인 것에 불과하다.

이러한 견해에서 볼 때 4연에서 언급된(제4장 참조), 주체와 객체라는 잘못된 오해의 도시는 거친 단계의 의식의 개념들에서 일어난 행위(업)에 의해 만들어진 현상을 지칭한다고 할 수 있다. 우리기 보다 거친 단계들을 거쳐 퇴보하지 않고 청명한 본래적인 마음에 영원히 머무를 수 있다면, 더 이상 업을 쌓을 일은 없을 것이다. 그러나 '청명한 빛의 마음'에 영원히 머문다는 것은 일체지의 장애물을 제거해야 가능하다. 여기서 일체지의 장애물이란 주체와 객체가 마치 자성을 지닌 것으로 파악하는 오염된 형상들을 일컫는다. 우리가 '청명한 빛의 마음'에 머물 수만 있다면 개념적 의식 또한 사라질 것이다. 그렇게 될 때까지, 우리 인간은 보다 거친 단계의 의식과 한시적인 개념에 의해 좌지우지되며 업을 쌓고 있는 것이다.

죽음의 마지막 단계에서 모든 거친 의식들이 청명한 빛의 본래적인 마음으로 해체될 때, 세상의 무수히 많은 대상들과 개념들 역시 그 안에서 점차 사라지게 된다. 또한 우리를 둘러싼 모든 환경과 존재의 형상들도 저절로 사라질 것이다. 만일 죽음의 청명한 빛을 완전한 영적인 인식으로 옮겨 갈 수 있다면, 마음은 그것의 본성인 근본적인 마음의 실체를 인식할 것이다.

수행자가 아닌 사람에게도 거친 형상들이 사라질 수는 있다. 그러나 이러한 세속적인 형상들의 사라짐은 실체에 대한 지각으로부터 나온 것은 아니다. 이는 명상을 통해서만 성취할 수 있는 것이다. 죽음의 마지막 네 단계에 있어서, 의식을 싣고 다니는 쁘라나는 더욱더 미세해진다. 마지막 단계에서는 의식을 싣고 다니던 한시적인 쁘라나는 모두 해체되고, 수행자이건 아니건 간에 마음의 차이가 사라지면서 청정한 공성이 드러난다.

그러나 우리는 이 평범한 공성을 넘어서고자 한다. 일반적인 공성은 그저 세상의 일상적인 모습들이 사라지는 것에 불과하기 때문이다. 청명한 빛이 비출 때, 그것을 이용하여 자성의 공성이라는 특별한 공성을 깨달아야 한다. 그러한 힘은 죽음을 맞이하기 이전에 행한 수행에 의해 일어나는 것이며 흰색, 붉은색, 검은색의 세 가지 마음이 일어나는 동안 공성에 대해 강하게 집중할 때 일어나는 것이다. 평상시 행한 수행이 얼마나 중요한지를 보여 주는 대목이다.

내가 행하는 가장 기본적인 수행은 무상無常, 고苦, 공성空性 그리고 무아無我에 대한 사색이다. 더불어 매일 행하는 여덟 가지 각기 다른 의식儀式 수행의 한 부분으로서, 죽음의 단계들에 대해서 명상한다. 나는 이 수행에서 흙의 요소가 물의 요소로, 물의 요소가 불의 요소로 해체되어 가는 과정을 마음속에 그려 본다. 모든 양상들의 해체를 상상하는 이 과정 속에서 어떤 심오한 경험을 주장할 수는 없지만, 호흡이 잠깐 정지하는 현상에 대해서는 분명히 이야기할 수 있다. 만일 수행자가 좀 더 여유를 가지고 철저히 해체의 과정을 시각화한다면, 더 완벽한 수행의 결과를 얻을 수 있을 것이다. 내가 매일 행하는 천신天神 요가*는 죽음을 시각화하는 것을 포함하고 있기 때문에 스스로를 죽음의 과정에 길들일 수 있으며, 따라서 진정 죽음의 때에는 이르렀을 때 그것에 익숙해져 있을 것이다. 그러나 나 스스로도 이러한 수행에 성공할 수 있을지는 자신할 수 없다.

닝마파의 족첸(위대한 완성) 수행자들을 포함한 나의 도반 가운데 몇몇이 죽음에 대한 깊은 경험을 말하곤 하지만, 이 역시 죽음과 비슷한 영역에 머무르는 데 지나지 않는다. 몇몇 티베트인 중에는 의학적으로 사망 판정을 받고도 오랫동안 육체가 썩지 않고 남아 있는 경우가 있다. 바로 작년에도 사꺄파의 한 라마의 육신이 20일 이상 썩지 않고 그대로 유지된 적이 있다. 그는 다름살라에서 명상에 든 채로 '죽음'에 이르렀는데, 그의 육신은 그대로 유지되었고 데라둔 지역의 라즈뿌르로 옮겨진 뒤로도 마치 살아 있는 듯 생생했다. 주목할 만한 일이다. 이 밖에도 나는 육신이 썩지 않고 남아 있던 열다섯 명의 사례를 알고 있다. 그들이 머문 기간은 각각 차이가 있지만, 가장 오래 머문 경우는 3주에 달했다. 나의 스승인 링 린뽀체의 경우 13일 동안

◆ 관법의 일종. 한자어권에서 관법은 두 가지 의미가 있는데, 하나는 '위빠사나 명상법'을 지칭하며, 다른 하나는 '시각화하는 방법'을 지칭한다. 이 천신요가는 후자에 속하며, 자신의 주요 천신을 시각화하여 만달라 안으로 불러들여 마주하고, 다시 그 천신과 합일하는 수행법이다.

머물러 계셨다.

　이렇듯 청명한 빛이 영적인 경험으로 전이된 최상의 상태를 '모자^{母子} 청명한 빛의 만남'이라고 한다. 여기서 '모^{母}의 청명한 빛'은 업력에 의해 죽음의 때에 저절로 드러나는 것이고, '자^{子}의 청명한 빛'은 정진을 통해 성취되는 영적인 길을 개발함으로써 일어난다. '모자 청명한 빛의 만남'은 사실상 서로 다른 두 실체가 만나는 것이 아니다. 그렇다기보다는 업의 힘에 의해 빛나는 '모^{母}의 청명한 빛'이 영적인 의식인 '자^{子}의 청명한 빛'으로 바뀌는 과정이다.

　다른 시각에서 보자면 '자^{子}의 청명한 빛'은 공성이며, 두 청명한 빛이 만난다는 것은 '모^{母}의 청명한 빛'을 통해 죽음의 과정에서 우리의 마음이 평범한 마음으로 돌아가는 것을 막고 그것을 자성공^{自性空}(자^{子}의 청명한 빛)의 대상으로 사용하는 것이라 할 수 있다. '모^{母}의 청명한 빛'을 죽음에의 평범한 마음이라고 하는 것이 더 적합한 해석이지만, 의미는 근본적으로 같다.

미세한 마음의 기반으로서의
미세한 정수액

위에서 설명한 대로 의식의 보다 깊은 단계를 현현하는 것은 네 가지 요소, 즉 지수화풍地水火風의 해체에서 오는 생리적 과정에 본질적으로 제한을 받으며, 특히 네 번째에 해당하는 바람의 요소는 의식의 토대로 작용하기 때문에 더욱 그러하다. 또한 죽음의 과정에 관여하고 있는 것은 심장에 위치한 정수액의 미세한 물질로서, 이것은 일상적인 상태의 가장 미세한 의식을 담고 있다.

붓다께서 설하신 또 다른 무상요가 딴뜨라 중 하나인 《깔라짜끄라 딴뜨라》는 10세기 인도에서 널리 알려졌다. 이 《깔라짜끄라 딴뜨라》에는 인체의 아주 중요한 곳에 위치한 미세한 물질의 정수액들에 대해 대단히 흥미롭게 설명하고 있다. 이 정수액들은 정화와 필수적인 사용을 위해 오염된 곳에 위치해 있다. 앞에서 설명한 대로, 이 책에서 응용하고 있는 주요 설명 체계는 《구햐사마자 딴뜨라》이다. 《깔라짜끄라 딴뜨라》 역시 《구햐사마자 딴뜨라》와 마찬가지로, 이들 여덟 정수액은 겨자씨만 한 크기의 미세한 물질로서 흰색과 붉은색으로 구성되어 있다고 설명한다. 이들 정수액은 미세한 의식들을 뒷받침하고 있다. 또한 덕 있는 행동과 덕 없는 행동에 의해 이미 형성되어 있는 성향들은 이들 미세한 의식들에 주입되어 있다. 몸과 말 그리고 생각에 의한 행위들은 잠재적인 성향으로 의식 속에 축적되며, 이의식들은 위에서 말하는 미세한 정수액들 안에 머물고 있다. 이들 정수액은 특정한 상황들, 즉 기쁨이나 고통과 같은 윤회의 사건들이 의식으로 현현할 때까지 그곳에 저장되어 있다.

네 정수액은 서로 두 쌍을 이루며, 이들 두 쌍은 의식의 다른 상태들을 만들어 낸다. 상반신의 정수액들은 (1)이마 또는 정수리, (2)목젖, (3)심장, (4)배꼽에 위치한다. 하반신의 정수액들은 (1)배꼽, (2)척추의 치골에 있는 비밀스러운 장소, (3)성기의 중심, (4)성기의 끝에 있다. 이마와 배꼽에 있는 정수액들은 인식의 상태를 만든다. 목젖과 척추의 기반에 있는 정수액들은 꿈의 상태를 일으킨다. 심장과 성기의 중심에 있는 정수액들은 깊은 잠의 상태를 일으키며, 배꼽과 성기 끝에 있는 정수액들은 오르가슴의 상태를 일으킨다. 우리가 알 수 있듯이 배꼽에 있는 정수액은 두 성향을 가지고 있다. 하나는 신체 상부에 위치한 네 번째 정수액으로서 의식의 상태를 일으키며, 나머지 하나는 신체 하부의 정수액들 가운데 첫 번째로서 오르가슴의 상태를 일으킨다.

각각의 정수액은 두 유형의 잠재적 힘을 가지고 있는데, 하나는 순수함이고 다른 하나는 불순함이다. 우리가 깨어 있을 때 상반신의 쁘라나들은 이마에 모이고, 하반신의 정수액들은 배꼽에 모인다. 순수한 힘들은 대상들의 단순한 모습만 만들어 내고, 불순한 힘들은 불순한 대상들의 모습들을 자아낸다. 꿈을 꾸는 동안 상반신의 쁘라나들은 목젖에 모이고 하반신의 쁘라나들은 치골에 있는 비밀스러운 곳에 모인다. 그리고 순수한 힘은 단순한 소리만을 만들어 내는 반면, 불순한 힘은 혼란스러운 말들을 만들어 낸다. 깊은 잠에 들어 있을 때 상반신의 쁘라나들은 심장에 모이고, 하반신의 쁘라나들은 성기 중심에 모인다. 이때, 순수한 힘은 비개념적 청명함을 만들어 내고 불순한 힘은 불명료함을 만들어 낸다. 성적인 흥분 상태에서 순수한 힘은 배꼽에 모이고 불순한 힘은 성기 끝에 모이는데, 순수한 힘은 성적 환희를, 불순한 힘은 사정射精 또는 애액愛液의 분비를 담당한다.

깔라짜끄라 전통의 수행은 위에서 말한 네 쌍의 정수액을 정화시키는 데 그 목적을 두고 있다. 깨어 있는 동안에 불순한 대상의 모습을 일으키는 정수액들을 깨끗하게 함으로써, 대상들은 공한 모습과 단순한 물질을 넘어선 형상을 이루게 된다. 또한 이를 통해 공한 모습들은 깨달음을 향하는 길에 사용될 수 있도록 만들어진다. 목젖과 치골에 있는 정수액들은 잘못된 말을 불러일으킬 능력을 가지고 있지만, 이들을 깨끗하게 함으로써 수행에서 사용할 수 있는 "금강음金剛音"을 만들어 낼 수 있다. 심장과 성기의 중심에 있는 정수액들은 불명료함을 일으키는 능력을 가지고 있지만, 이들을 정화함으로써 수행에 있어서의 무분별지를 일으킬 수 있다. 배꼽과 성기의 끝에 있는 정수액들은 정액을 방출하는 힘을 가지고 있지만, 이를 정화하게 되면 사정하지 않고도 불변의 환희에 이를 수 있으며 이를 수행에 사용할 수 있게 된다. 이들의 긍정적인 경향들은 더 높은 단계로 개발할 수 있으며 종국에는 붓다가 가진 금강의 몸, 금강의 소리, 금강의 마음 그리고 금강의 환희로 바뀌게 된다.

깔라짜끄라 체계에서 중생들을 괴로움과 제약의 상태에 묶어 놓음으로써 이타적인 활동을 하지 못하도록 방해하는 장애물은 모두 이 네 정수액에 담겨 있다. 이 장애물들과 업력이 합쳐지도록 작용하는 것은 정수액들을 이루는 물질, 그 자체가 아니다. 두 쌍을 이루고 있는 네 정수액 안에 담긴 매우 미세한 쁘라나와 선한 행위의 업력, 선하지 못한 행위의 업력으로 합해지는 것이다. 육신이 마음을 지탱해 주는 것과 마찬가지로 정수액을 이루는 물질들은 이 미세한 쁘라나와 마음들을 지탱해 주고 있다.

2년 전, 닝마파의 족첸 전통을 수행한 한 티베트의 수행자가 "무지개 몸의 성취"라고 불리는, 육신을 완전히 사라지게 하는 수행을 성취했다. 그의 이름은 아촉으로 네롱 지방 출신이다. 그는 라사에서 가까운 겔룩파 사원인 세라에서 공부했고 나의 어릴 적 스승인 티장 린뽀체로부터 사사하기도 했지만, 진정한 스승은 닝마파의 라마인 뒤좀 린뽀체다. 그는 티베트불교의 구파(닝마파)와 신파(깔마파, 샤까파, 겔룩파) 양쪽 모두의 딴뜨라를 수행했지만 주요 수행은 '옴마니밧메훔'과 그에 수반하는 수행법들이었다.

　뒤좀 린뽀체는 생이 끝나기 전에 꼭 한 번 달라이라마와 만났으면 좋겠다는 말을 종종 했다고 한다. 그러던 어느 날, 그는 자신을 따르는 이들을 모두 불러 모아 달라이라마의 장수를 비는 공양을 올렸다. 그 후 자신을 따르는 이들에게 이제 그만 이 세상을 떠나야겠다는 말을 남겼다. 그는 황색 승복으로 갈아입고는 방에 들어가면서 일주일 동안 방을 봉인하라고 당부했다. 제자들은 스승의 요청을 따랐고, 일주일 뒤에 문을 열자 그 방에는 황색 승복만이 남아 있을 뿐 그의 시신은 완전히 사라지고 없었다. 그의 제자 가운데 한 명과 그를 따르던 수행자 한 명이 다름살라로 와서 그 이야기를 내게 전해 주고, 그가 남긴 법의 한 조각을 건네주었다.

그는 몇몇 라마들과 달리 자기를 내세우지 않은 채 은둔하여 수행했기 때문에 스스로 훌륭한 수행자였음을 증명해 냈을 뿐만 아니라, 마침내 이러한 결과를 얻을 수 있었던 것이다. 원인과 결과 사이에는 반드시 연결 고리가 존재해야 한다. 기적이 일어났다고 주장하는 몇몇 경우가 있었지만 거기에는 그 결과에 합당한 원인이 없었다.

무상요가 딴뜨라의 관점에서 볼 때, 잠재된 힘들은 미세한 마음과 미세한 쁘라나를 통해 일상생활에서 불순한 환경들과 존재들을 만들어 낸다. 그러나 이 힘들은 영적인 수행을 통해서 정화될 수 있다. 또한 이러한 수행에 의하여 잠재된 힘들은 붓다의 순수하고 이타적인 마음과 말 그리고 몸으로 변화한다. 우리의 목표는 의식의 가장 미세한 상태인 근본적이고 원래적인 '청명한 빛의 마음'을 현현하는 데 있으며, 거친 마음의 단계로 퇴보하지 않고 미세한 단계에 그대로 남아 있는 것이다. 그렇지만 이 같은 단계는 정신뿐 아니라 몸과도 관련을 맺고 있다. 여기서 말하는 몸이란 '청명한 빛의 마음'을 실은 쁘라나에서 만들어진 몸이다. 이들을 현현하는 궁극적인 목적은 다른 이들이 고통과 제

212

약의 상태에서 벗어나 자유를 얻을 수 있도록 돕기 위해서이다.

　이 정화의 과정에서 마음의 밝게 비춤과 앎이라는 본성의 깨달음이 그 중추를 이룬다. 그리고 이러한 마음의 본성을 통해 탐욕, 증오, 적개심, 질투, 호전성 따위의 괴로운 감정이 마음의 근원에 있지 않으며, 단지 근원의 주변에 있을 뿐이라는 사실을 깨닫게 된다. 마음이 자신의 본성을 알 때 그리고 이 앎이 강력한 집중력과 함께 어우러질 때, 반복해서 괴로움을 만들어 내는 고통스러운 상태를 점차 줄여 나갈 수 있으며 마침내 그것을 극복할 수 있게 되는 것이다. 이것이 티베트인들이 정신과 물질 사이의 관계를 이해하는 방식이며, 이 둘이 정화의 과정에서 어떻게 작용하는가에 대한 견해이기도 하다.

1. 청명한 빛의 근본적이고 내재되어 있는 마음이 여명을 밝힐 때, 죽음의 과 정의 마지막 단계가 일어난다. 이 '청명한 빛의 마음'은 그 시작을 알 수 없 는 시간부터 존재해 왔고, 영원히 존재할 것이다.

2. 결과적으로, 당신은 불성에서 의식의 거친 단계로 역행하지 않고 청명한 빛의 본래적인 마음에 남아 있을 수 있게 된다. '청명한 빛의 마음'에 머물 게 될 때, 더 이상 업을 쌓지 않게 될 것이다.

3. 수행하지 않은 보통 사람에게도 거친 형상들이 점차 사라질 수 있다. 그렇 지만 높은 수행의 단계를 성취한 수행자는 공성에 대한 명상을 통해 얻어 지는 익숙함의 힘을 통해, 그 마음을 자성공自性空이라는 진리를 깨닫는 데 사용할 수 있도록 노력한다.

4. 죽음의 마지막 단계에서 일어나는 '청명한 빛의 마음'은 '모母의 청명한 빛' 이라고 불리며, 수행을 통해 얻어진 힘을 통해 일어나는 청명한 빛은 '자子 의 청명한 빛'이라고 한다.

5. 업의 힘에 의해서 일어나는 '모母의 청명한 빛'이 공성을 아는 영적인 인식, 즉 '자子의 청명한 빛'으로 전환되는 과정을 '모자母子 청명한 빛의 만남'이라 고 부른다.

제13연

번갯불과 같은 강력한 여인에 의해

달처럼 흰 물질들이 녹는 네 가지 공성의 시간 동안,

본래적인 환희와 공성이 합해진 반야지에서

우리들이 삼매의 깊은 명상에 머무를 수 있기를.

삼매를 통하여 수행자들은 '뜸모(tumo, 강한 여인)'라고 불리는 신체 내부의 열을 일으킬 수가 있다. 이 내부의 열은 명치에 위치한 원래의 자리로부터 중앙의 통로를 타고 위로 올라간다. 그리고 대환희의 짜끄라라 불리는 정수리에 위치한 에너지 통로 안에 있는 백색의 요소를 녹인다. 은유적으로 이 중요한 백색의 요소는 달과 비견되며, 깨달음의 마음이라고 불린다. 백색의 요소가 녹으면서 이것은 중앙의 에너지 통로 안쪽으로 하강하고, 이것이 점차 목젖, 심장, 배꼽과 비밀스러운 지역(치골)에 도달하면서 네 단계의 환희, 즉 환희, 탁월한 환희, 특별한 환희, 본래의 환희를 경험하게 된다.

이 네 가지 환희는 대환희의 높은 지혜들이다. 또한 환희의 지혜들은 공성을 깨달음의 대상으로 삼고 있다. 때문에 환희와 공성은 서로 합해진다고 말하는 것이다. 모#의 청명한 빛이 죽음에 이르러 업력에 의해 빛날 때, 대환희의 명상을 통해 얻어진 지혜는 '모#의 청명한 빛'을 영적인 수행도의 의식, 즉 '자#의 청명한 빛'으로 전환시킨다. 죽음의 상태에 대한 마지막 연인 13연에서 빤첸라마는 바로 위와 같은 능력을 얻을 수 있기를 소망한다.

무상요가 딴뜨라를 수행하는 수행자들은 매일 공성에 대한 명상과 함께 여덟 가지 죽음의 징표를 떠올리는 수행을 한다. 그 여덟 가지 죽음의 징표란 신기루, 연기, 반딧불, 램프의 불꽃, 선명한 흰색의 양상, 선명한 선홍색 '모습의 증가', 선명한 검은색의 근성취 그리고 청명한 빛이다.

이는 세 단계의 마음집중mindfulness 안에서 일어난다. 먼저 현재 나타나는 징표의 정체를 밝힌다. 이어 이전 징표의 정체를 밝힌다. 그리고 다음에 오는 징표의 정체를 밝혀 내는 것이다. 예를 들면 이런 식이다. "반딧불들이 보이고 있다. 연기는 방금 지나갔다. 불꽃이 보이려고 한다."

숙련된 수행자가 아니고서는 실제 명상 중에서 여덟 가지 징표가 보이지는 않지만, 이 징표들과 친숙해지기 위해서는 위와 같은 세 단계의 마음집중을 유지해야 한다. 완전히 성숙한 수행을 한다면 진정 수행을 이룰 때 죽음의 순간에도 공성과 드러나는 그 징표들에 대한 삼매에 남아 있을 수 있다.

⋮ 천신요가

딴뜨라 수행에 있어 어떠한 이미지를 시각화해서 떠올리는 것은 영적인 발전을 진전시키는 데 사용된다. 천신요가는 우리에게 다음과 같은 세 가지를 요구한다.

(1) 우리의 마음이 고통스러운 감정들에 시달리고 있다 할지라도, 우리의 마음은 자비에 의해 움직이는 순수한 지혜의 마음임을 상상하라.

(2) 살과 피와 뼈로 이루어진 우리의 몸이 자비에 의해 움직이는 지혜에서 나온 몸으로 대체된다고 상상하라.

(3) 다른 이들을 돕는 일에 전적으로 헌신하는 이상적인 상황에서 나타나는 순수한 마음과 몸에 기반을 둔 자아 감각을 개발한다고 상상하라.

이러한 방법을 통해 우리는 스스로 붓다의 몸과 행동, 자원과 환경들을 가지고 있다고 시각화할 수 있다. 이러한 시각화는 천신요가의 열쇠이기도 하다. 이러한 이상적인 조건 속에서 자신에 대해서 명상할 때, 공성에 대한 명상을 시작할 수 있으며 자성공自性空에 대한 최대한의 깨달음을 개발할 수 있다. 이러한 모든 것은 천신이 현현한다는 각성에서 가능해진다. 공성을 깨닫는 마음은 천신, 즉 우리를 둘러싼 환경과 근원 그리고 자비로운 행동에서 나타난다. 이처럼 천신요가는 지혜와 자비가 합일하는 길이다. 다시 말해 우리의 의식은 공성을 깨닫고, 자비로운 동시에 능동적인 천신의 모습으로 나타난다.

무상요가 딴뜨라에 있는 특별한 천신요가 수행은 하루 여섯 차례 행해지며, 이 수행 역시 공성에 대한 명상에서 시작된다. 그러고 나서 죽음의 여덟 가지 징표가 점차 그 모습을 드러내면서 얻어질 수 있는 모든 수준의 공성에 대한 이해와 결합한다. 마지막 단계의 수행자는 '청명한 빛의 마음'을 이상적이며 자비로운 모습의 천신에게서 나오는 것으로 시각화하여 공성을 깨닫는 데 사용한다. 그렇지 않더라도 그 깨달음의 상태를 모방한 의식을 일으키는 데 사용한다.

:   성적인 합일과
       수행의 길

자비와 반야를 단단히 가지고 있는 수행자는 수행을 하는 데 있어 성적인 결합을 근본적인 '청명한 빛의 마음'에 강하게 집중하고, 그것을 현현하는 기술로 사용할 수 있다. 이 성적인 결합 수행의 목적은 마음의 보다 깊은 수준을 현실화하고 지속시키는 데 있다. 그리하여 보다 깊은 수준의 마음을 공성의 깨달음을 강화하는 데 사용하고자 하는 것이다. 단순한 성행위는 수행의 발전과는 전혀 무관하다. 그러나 어떤 이가 자비로운 동기와 반야 지 속에서 수행의 높은 수준을 성취했다면, 두 성기의 결합 또는 성교는 공성을 깨닫는 청정한 행위를 손상시키지 않는다.

어떻게 성교가 수행을 도울 수 있을까? 거친 수준의 마음이 가진 힘은 매우 한정되어 있지만, 보다 깊고 미세한 수준의 마음은 훨씬 더 강력한 힘을 가지고 있다. 때문에 일정 수준 이상의 수행을 성취한 수행자들은 이 미세한 수준의 마음에 들어갈 필요가 있다. 그러기 위해서는 보다 거친 의식들을 약하게 만들고 한시적으로라도 멈추게 해야 하며, 이러한 상태를 성취하는 것은 우리 안의 에너지 흐름을 극적으로 바꾸기 위해 필수적이다. 보다 깊은 수준의 마음이 재채기를 할 때나 하품을 할 때 순간적으로 일어나긴 하지만 그 상태는 오래 지속될 수 없다. 또한 이전에 깊은 의식을 현현했던 경험은 깊은 잠 속에서 보다 깊은 의식의 상태를 일으키는 데 필수적이다. 이러한 이유 때문에 성교를 수행으로 사용할 수 있다. 매우 숙련된 수행자는 오르가슴에 있는 동안 특별한 정신 통일의 방법을 사용하여 매우 깊고 미세하며 강력한 마음의 상태를 오랫동안 유지할 수 있으며, 성교를 공성을 깨닫는 데 사용할 수 있다. 그러나 만일 일반적인 정신 상태로 성교를 한다면 어떠한 이익도 없을 것이다.

셸콩 린뽀체의 아버지는 위대한 학자인 동시에 높은 성취를 이룬 수행자였다. 그는 젊었을 때 라사에서 남동쪽으로 멀리 떨어진 간덴 사원에 있었고, 그의 스승인 떤 아왕 놀부는 라사의 서쪽에 있는 데풍 사원에 있었다. 덕분에 셸콩 린뽀체의 아버지는 종종 라사에 머무르면서 매일 아침 일찍 데풍 사원으로 긴 길을 떠나곤 했다. 그는 스승에게 물을 길러다 주고 처소를 청소하면서 종종 낮 동안에는 가르침을 받고 다시 라사로 돌아가곤 했다.

어느 날 밤, 셸콩 린뽀체의 아버지는 한 여인을 만났고 파계하고 말았다. 그는 너무나 후회한 나머지 다음 날 아침 울면서 데풍 사원으로 향했는데, 라마의 방에 도착해 보니 그의 스승은 이미 참회의 의례를 마친 상태였다. 띤 아왕 놀부는 "너는 계를 어겼지만 그것으로 되었다. 이제 배우자와 딴뜨라 수행을 해야 한다."라고 말씀하셨다. 이 사건 자체도 참으로 독특하지만, 더 이상한 것은 그의 배우자가 입적하고 나서 화장을 하고 보니 그녀의 두개골 오른쪽에 바즈라요기니*의 만뜨라가 현현했다는 것이다.

동시대에 살았던 따붕 린뽀체 역시 배우자와 수행을 했다고 한다. 어느 날, 섭정이자 나의 유년기 스승이기도 한 티장 린뽀체를 비롯한 몇몇 고위 라마들이 그로부터 가르침을 받고 있었다. 그 과정에 플루트와 비슷한 두 악기를 사용하는 의식이 있었는데, 악기의 두 연주자는 피리 구멍을 막을 때 오른손과 왼손을 반대로 사용했다. 그래서인지 매우 이상한 곡조가 연주되고 말았다. 그러자 청중들이 독경을 멈추고 그 이상한 곡조에 대해 시끌벅적하게 비웃고 있었다. 그런데 따붕 린뽀체는 무슨 일이 일어났는지도 모른 채 그대로 앉아 있었다. 자고 있던 것은 결코 아니었다. 섭정 티장 린뽀체는 바로 그때 따붕 린뽀체가 가장 심

◆ 딴뜨라 수행 가운데 합일 수행의 상대인 여성.

오한 마음의 청정한 형상(모습)의 경지에서 붓다에게 가르침을 받고 있었음을 깨달았다.

이 기간, 제13대 달라이라마는 라마들을 조사하여 그들이 제대로 된 자질을 가지고 있는지 점검하고 부적합하다고 판단되는 많은 라마들을 쫓아냈다. 그렇지만 두 명에게 예외를 두었는데, 한 사람은 셀콩 린뽀체의 아버지이고 다른 한 사람은 따뷩 린뽀체였다. 이렇게 해서 제13대 달라이라마는 공식적으로 그들의 비범한 능력을 인정해 주었고, 딴뜨라 수행에 있어 배우자와 같이 할 수 있도록 특별히 배려해 주었다. 그리하여 그들은 더 깊은 경험을 가지고 있었음에 틀림없지만, 그들의 경험에 대한 기록은 남아 있지 않다.

1. 최고의 경지에 이른 수행자는 죽음의 때에 이르러 업에 의해 나타나는 '모^母의 청명한 빛'을 영적인 수행의 의식으로 변화시킬 수 있다.

2. 무상요가 딴뜨라의 천신요가를 수행하는 낮은 단계의 수행자들은 세 단계로 이루어진 마음집중 안에서 죽음의 여덟 가지 징표를 시각화해야 한다. 즉 어떤 징표가 나타났다 사라지고, 다음 징표들이 나타나는 장면을 시각화한다. 이를 통해 공성에 대한 명상과 연속적으로 일어나는 여덟 가지 징표를 합일시키는 수행을 행한다. 두 부분으로 이루어진 처음과 마지막을 제외하면, 이들은 모두 세 부분으로 이루어져 있다.

- 신기루가 나타나고 있다. 연기가 이제 막 나타나려 한다.
- 연기가 나타나고 있다. 신기루는 이제 막 지나갔다. 반딧불이 이제 드러나려 한다.
- 반딧불이 나타나고 있다. 신기루는 이제 사라졌다. 불꽃이 이제 드러난다.
- 불꽃이 나타나고 있다. 반딧불은 방금 사라졌다. 이제 선명한 흰색 모습이 드러날 것이다.
- 마음의 선명한 흰색 모습이 드러나고 있다. 불꽃은 바로 조금 전에 사라졌다. 선명한 선홍색 증가가 나타나려고 한다.
- 선명한 선홍색 모습이 점점 커지고 있다. 선명한 흰색 모습은 방금 지나갔다. 선명한 검은색이 이제 막 드러나려 한다.
- 마음의 선명한 검은색이 나타나고 있다. 선명한 선홍색의 증가는 방금 사라졌다. '청명한 빛의 마음'이 나타나려 한다.
- '청명한 빛의 마음'이 나타나고 있다. 선명한 검은색은 방금 지나갔다.

3. 무상요가 딴뜨라의 특정한 수행 방법에서는, 수행자의 공성에 대한 이해
    도가 어떠하든 그 공성에 대한 이해를 점진적으로 펼쳐지는 여덟 가지 징
    표와 결합시킨다. 그리하여 '청명한 빛의 마음'을 이상적이며 자비로운 모
    습의 천신으로부터 나온 기초로 이용하여 공성을 깨닫는 데(혹은 공성을 깨
    달은 상태의 의식을 만드는 데) 사용한다.

4. 자비와 반야지의 마음을 굳건히 지닌 숙련된 수행자는 성교를 통해 청명
    한 빛을 가진 근본적이고 본래적인 마음을 현현시키고 마음을 강하게 집
    중하는 기술로 사용한다. 그들은 가장 깊은 곳에 있는 마음을 이용하여 아
    주 강력한 방법으로 자성공自性空에 대한 깨달음을 얻는다.

제9장

중음도에서 어떻게 처신할 것인가?

"나는 죽을 것이다."라고 인정한 자들은
더 이상 두려움이 없으리.
어떻게 그들이 죽음의 영상을 두려워하겠는가!

_____

붓다

●●●

제14연

우리가 중음도의 상태에서

환각의 삼매를 성취하여 청명한 빛을 떠나

오직 쁘라나와 죽음의 청명한 빛의 마음에서만 생겨난

붓다의 상^相과 아름다움의 영광이 불타는 듯한

환희신의 몸으로 일어날 수 있기를.

수행자가 가장 미세한 마음에 의해 성취된 공성의 깨달음으로부터 일어날 때, 그는 오직 쁘라나(에너지)와 마음으로 만들어진 몸, 즉 붓다의 상^相과 아름다움으로 장식된 몸을 가지고 일어난다. 이것은 상상이나 의식에 의해 만들어진 것이 아니라 실재

이다. 다시 말해 중음도에 들어가는 대신, 환각의 몸이라고 부르는 죽음의 상태에서 일어나는 것이다. 여기에는 두 가지 유형이 있다. 하나는 불순한 환각의 몸이고, 다른 하나는 붓다의 완벽한 환희신이다. 14연은 그러한 심오한 변화를 성취하고자 하는 희망을 담고 있다.

'청명한 빛의 마음'과 이를 싣고 있는 쁘라나는 하나지만, 개념적으로는 둘로 나눌 수 있다. 쁘라나는 환각의 몸의 근본적인 원인으로 작용하고, 마음은 보조적인 조건으로 작용한다. 이 두 원인이 우리가 천신요가를 통해 상상해 온 천신의 모습과 비슷한 환각의 몸을 만들어 낸다. 그 몸은 뼈와 살로 이루어진 것이 아니라, 마치 무지개처럼 아무런 장애도 없고 한없이 맑은 마음의 성질로 이루어져 있다.

이상적인 존재인 천신의 모습은 호수 수면 위로 갑작스럽게 뛰어 오른 물고기와 같다. 이 환각의 몸으로의 변신을 위해 우리는 오랫동안 스스로를 특정한 천신으로서 명상했고 그 모습을 개발해 왔으며, 이상적인 몸을 상상해 왔다. 수행의 목적이 마침내 실현된 것이다. 수행 속에서 상상해 온 것들을 사실로 이끌어 낸 것이다.

⋮ 수행의 단계들

지금까지 나는 당신이 머물러 있는 수준에서 수행의 중요성에 대해서 강조해 왔다. 다시 말해 무상요가 딴뜨라에는 세 단계의 수행이 있는데 이 시점까지는 수행에 있어 고도로 숙달되었지만 아직 불성이라는 최고의 결과를 완성하지 못한 수행자들에 대해 이야기해 왔다. 그들은 오염된 업과 괴로운 감정들 때문에 죽음에 이르게 된다. 하지만 '모⺟의 청명한 빛'을 '자⼦의 청명한 빛'의 길로 바꿀 수만 있다면 환생으로 이끄는 중음도를 거치지 않을 수 있다. 수행 속에서의 상상만으로 그치는 것이 아니라 진정한 환각의 몸을 성취할 수 있는 것이다.

15연에서 다룰 이보다 낮은 단계의 수행자들의 경우, 죽음의 청명한 빛을 영적인 길의 상태로 바꿀 수 없고, 때문에 환각의 몸을 성취할 수 없다. 그렇지만 그들 역시 일반적인 죽음의 과정을 거치지 않는다. 비록 환각의 몸을 일으킬 수는 없지만 죽음의 청명한 빛을 영적인 길의 모양으로 만들 수는 있다. 즉, 이 단계의 수행자는 사실이 아닐지라도 시각화를 통해 중음도를 거치는 동안 환각의 몸으로 일어날 수 있다. 또한 자비와 서원과 삼매의 힘으로 어떻게 환생할지를 스스로 결정할 수 있다.

16연에서 다루는 이보다 낮은 단계의 수행자들은 죽음의 청명한 빛을 완전한 자질을 갖춘 길로 바꿀 수는 없지만, 검은색의 근성취 후반부에 나타나는 무의식 상태가 지난 후 청명한 빛이 일어나는 동안 몇몇 딴뜨라 수행의 삼매를 일으킬 수 있다. 그들은 일반적인 중음도와 환생의 과정을 겪지만 그때까지 쌓아 온 좋은 성향들을 통해 이익이 되는 수행(즉 이전 삶의 수행)을 다음 삶에 투영시킬 수 있으며 외적인 환경과 내적인 환경의 조화를 이룰 수 있다.

이렇듯 수행의 세 단계는 청명한 빛의 의식을 공성을 깨닫는 지혜로 일으키고자 하는 것이다. 그러므로 각 단계에 머무르고 있는 모든 수행자들은 몸의 해체가 일어나기에 앞서 공성에 주의력을 집중해야 한다. 특히 흙, 물, 불 그리고 바람의 해체 과정과 더불어 네 가지 공함(즉 흰색 모습의 마음, 선홍색 모습의 마음, 흑색 근성취의 마음 그리고 '청명한 빛의 마음')이 일어나는 동안 모든 수행자들은 집중의 힘을 일으키고 자성공自性空, 즉 모든 현상의 본성인 불멸의 모습을 심사숙고해야 한다.

최고 단계의 수행자는 죽음의 청명한 빛을 공성을 깨닫는 의식으로 변화시킬 수 있으며, 이것은 무력한 죽음에 대한 처방이 된다. 이 단계를 성취하면 더 이상 탄생과 죽음에 대해서 회의하지 않게 된다. 이러한 방법으로 고찰한 모든 현상의 진정한 본성은 불멸을 일으키며 결과적으로 이 상태는 존재의 불멸의 상태로 이어진다.

죽음의 단계들은 흙의 요소가 물의 요소로 해체되기 시작하면서부터 청명한 빛이 밝아올 때까지 차례차례 떠오른다. 결국, 고도로 수련된 수행자가 아닌 일반인의 경우 청명한 빛까지 이르면 여덟 단계가 역순으로 일어나 중음도에 이르게 된다. 즉 마음이 청명한 빛을 지나 검은색의 근성취로, 다시 선홍색 모습으로, 다시 흰색 모습으로, 불꽃, 반딧불, 연기 그리고 신기루의 단계를 거치게 되는 것이다. 일반적인 죽음의 마지막 단계에서는 다음과 같이 세 가지 현상이 동시에 일어난다.

(1) 청명한 빛이 사라진다.
(2) 죽음의 청명한 빛으로부터 일어나 선명한 검은색 근성취로 들어간다.
(3) 나머지 일곱 단계가 역순으로 일어난 뒤 중음도가 시작된다.

마찬가지로 가상의 청명한 빛에 머무는 첫째 단계의 수행자의 경우, 청명한 빛으로부터 일어나 근성취로 들어가는 동시에 환각의 몸을 만들게 된다. 그러나 실제 청명한 빛으로부터 일어난 무상요가 딴뜨라의 첫째 단계의 수행자는 근성취의 마음으로 뒷걸음질 치지 않으며 거친 마음이 모두 사라지게 된다.

1. 높은 단계의 수행자들은 죽음의 청명한 빛과 그 빛을 실은 쁘라나를, 순수한 마음과 몸의 주요 원인으로 삼을 수 있다.

2. 쁘라나에서 만들어진 순수한 몸을 '청명한 빛의 마음' 안에서 일으킬 원동력은, 스스로를 이타적인 몸과 마음을 가진 존재로 상상하는 수행뿐이다. 결국 상상과 모방을 통한 수행이 실제적인 성취를 이끌어 낸다.

3. 가장 미세한 마음에서 거친 수준의 마음으로 퇴보하지 않는 것은 환각의 몸으로 변신하는 데 있어 필수적이다. 이는 우리를 불멸의 상태로 이끈다.

제15연

만일 업에 의하여 중음도에 이르게 된다면

단박에 분석에 의해 삶과 죽음, 중음도의

고통의 자성의 부재를 깨달아

혼동된 존재가 정화되기를.

가장 미세한 마음이 몸에 남아 있는 마지막 동안에는 '청명한 빛의 마음'을 실은 쁘라나의 미동이 일어나고, 가장 미세한 쁘라나와 가장 미세한 의식이 심장에 있는 흰색과 붉은색의 정수액들에서 분리되어 몸에서 빠져나온다. 이때 코에서는 약간의 피가 나오고 성기에서는 흰색의 액체(정액)가 조금 흘러나온다. 이것은 가장 미세한 의식이 몸을 떠났다는 것을 의미한다. 물론 병으로 고갈된 몸에서는 이러한 징후들이 나타나지 않는 경우가 있다. 이 시점에서 몸은 썩고 악취가 나기 시작한다.

불성을 성취하지는 못했지만 높은 성취를 이룬 수행자들은 중음도에서 환각의 몸을 성취하게 된다. 높은 깨달음을 성취하지 못한 보통 사람들의 경우 업의 힘에 의해 일반적인 중음도로 빠져들기 때문에 환각의 몸을 성취할 수 없다. 만일 일반적인 중음도로 들어갔다면 재빨리 그 상황을 이해해야 한다.

청명한 빛이 사라지고 나머지 일곱 단계가 역순으로 밝아 온다면 이는 중음도의 시작을 의미한다. 이번 삶과 다음 삶 사이의 중간 상태가 시작되면서 우리는 잠에서 깨어날 때나 꿈꾸기 시작할 때 혹은 기절했다가 깨어날 때나 오르가슴을 느낄 때처럼 다음과 같은 여덟 단계를 지난다.

8. 청명한 빛

7. 선명한 검은색이 하늘에 가득 찬 것과 같은 마음

6. 선명한 선홍색이 하늘에 가득 찬 것과 같은 마음

5. 선명한 흰색이 하늘에 가득 찬 것과 같은 마음

4. 등잔불

3. 반딧불

2. 연기

1. 신기루

잠들어 있는 동안 꿈속에서 나타나는 몸과 우리 자신을 일치시키는 것처럼, 중음도의 상태에서 우리는 다음 생에서 갖게 될 몸의 형태를 갖는다. 이 몸은 우리가 환생한 뒤, 다섯 살 또는 여섯 살이 될 무렵 갖게 될 몸과 비슷하다. 꿈속에서 나타나는 우리의 몸이 그렇듯, 이때의 몸 역시 쁘라나와 마음의 조합에 의해 만들어진다. '청명한 빛의 마음'을 실은 쁘라나가 그 몸의 주요한 원인이 되지만, 중음도의 마음도 보조적인 원인(연**)으로 작용한다. 역으로 '청명한 빛의 마음'은 중음도의 마음을 형성하는 주요한 원인으로 작용하며, 중음도의 몸을 형성하는 데 있어 보조적인 원인이 된다.

중음도에서의 몸은 쁘라나와 마음에 의해 만들어졌기 때문에 오감을 모두 가지고 있지만 무지개처럼 투명해서 그림자나 발자국을 남기지 않는다. 업의 신비로운 힘에 의해 자연스럽게 땅과 바위, 산과 건물 등에 구애받지 않고 아주 짧은 시간 동안 이 세계를 여행할 기회가 주어진다. 그렇지만 새로운 어머니의 자궁 안에 들어간 후에는 그곳을 떠날 수 없다. 짧은 시간의 여행 동안, 우리는 친척과 친구 그리고 다른 이들에게 이야기를 걸지만 그들은 우리가 하는 이야기를 들을 수 없으며 그래서 아무런 대꾸도 하지 않는다. 이 기간에 우리는 해와 달 그리고 별을 볼 수 없다. 또한 한정된 천리안을 갖게 된다.

만일 자신이 중음도에 존재하고 있다는 징후를 발견한다면

"나는 죽었고 지금은 중음도에 머물고 있다."라는 생각을 떠올려야 한다. 또한 중음도에 머무는 동안 일어나는 유쾌하거나 불쾌한 현상들은 단지 잘못된 마음에서 빚어진 것임을 깨닫도록 선정의 힘을 사용한다. 유쾌한 것들에 집착할 필요도 없을 뿐더러, 불쾌한 것들에 화를 낼 이유도 없다. 대신 자신이 환각의 몸으로 일어나고 있는 모습을 상상한다. 그리고 다양한 현상들과 죽음과 중음도, 환생의 괴로움은 모두 자성이 없는 것임을 생각해야 한다. 즉, 이러한 것들은 참존재가 아니라는 사실을 깨달아야 하는 것이다. 이러한 모든 현상은 이전에 행한 행위(업)의 결과이며, 사실 일말의 참존재도 없음을 알아야 한다.

천신요가를 통해 모든 현상을 자비와 반야지에서 이루어진 무한히 순수한 것으로 상상했던 것처럼, 중음도에서도 모든 존재의 모습을 신으로 보고 우리를 둘러싼 환경의 양상을 불가사의한 대저택들로 보아야 한다. 그럼으로써 추한 것들에 대한 혐오에서 벗어나고, 아름다운 것들에 대한 집착을 버릴 수 있다. 이 단계에 이르면 비로소 중음도에서 보이는 어떠한 모습도 자성공의 모습으로 드러나도록 노력할 수 있으며, 모든 공한 것이 환희의 즐거운 활동으로 나타나도록 노력할 수 있을 것이다.

1. 스스로 중음도에 있다는 징후를 인식하는 것이 중요하다.

2. 유쾌하고 불쾌한 모든 현상을 바라보면서, 그것들을 자신의 선업과 악업의 결과로 경험해야 한다.

3. 자신이 처해 있는 그곳에서 환각의 몸으로 일어나 있다고 상상하라. 그리고 드러나는 모든 존재의 모습을 자비와 반야지에서 나오는 가장 이상적인 모습이라 인식하고, 자신을 둘러싼 환경을 훌륭한 대저택이라고 상상하라.

4. 추한 것들에 대한 혐오와 아름다운 것들에 대한 집착을 자제한다.

5. 다양한 현상들과 죽음, 중음도 그리고 환생의 고통은 본래 자성이 없다는 점을 깨닫는다. 이들은 자신의 힘, 즉 자성으로 존재하는 것이 아니다.

제16연

전도된 현상들의 네 가지 소리와 세 가지 두려움과

불확실한 모습들의 다양한 현상들이 떠오를 때,

외적, 내적 그리고 비밀의 몸을 변화시키는 수행을 통해

정토에 태어날 수 있기를.

우리가 살아 있는 동안 모든 쁘라나와 개념은 우리의 의지대로 되는 것이 아니라, 일반적인 방식에 종속된다. 또 중음도에 머물고 있는 동안에는 네 요소와 결합되어 있는 쁘라나들(또는 에너지들)이 일반적인 방식과 반대로 작용하면서 네 가지 무서운 소리들을 일으킨다.

흙-바람의 요소가 무너질 때에는 산사태가 날 때와 같은 커다란 굉음이 울린다. 물-바람의 요소가 무너질 때에는 바다와 같은 커다란 소리가 들린다. 불-바람의 요소가 무너질 때에는 큰 산불이 났을 때 들리는 불타는 소리가 들린다. 바람-바람의 요소가 무너질 때에는 돌풍이 불 때 나는 찢어지는 듯한 날카로운 소리가 들린다.

중음도에서 우리는 자신의 업에 투영된 지옥의 귀신, 아귀 그리고 동물의 무서운 모습 또한 보게 될 것이다. 몇몇은 마치 염라대왕처럼 보이기도 하는데 그들은 무기를 휘두르면서 "쳐라! 죽여라!"라고 소리칠 것이다. 이때 대부분은 그 모습과 소리에 잔뜩 겁을 먹게 된다.

우리가 머무는 곳, 의지할 만한 것, 행동, 음식, 친구, 감정까지 어느 하나 확실한 것은 없다. 머무는 곳의 불확실성은 우리가 다양한 장소에 끊임없이 다다른다는 것을 의미하며, 의지할 만한 곳의 불확실성은 우리가 순간에 불과한 것들, 즉 다리나 우물 등에 의지하려고 하는 것을 의미한다.

행동의 불확실성은 우리가 바람에 떠다니는 깃털처럼 돌연히 변하고 떠돈다는 것을 의미하며, 음식의 불확실성은 아무리 맛있는 음식이라 해도 그 음식이 우리를 위해 만들어진 것이 아니라면 먹을 수 없음을 의미한다. 친구의 불확실성은 우리가 미리 정해져 있지 않은 무작위의 존재와 무리를 이룬다는 뜻이며, 감정의 불확실성은 우리의 감정이 어느 때는 행복하다가 고통스럽기도 하고 슬펐다가 화가 나기도 하는 것처럼 갑자기 바뀐다는 것을 의미한다.

더불어, 중음도에서는 끔찍한 세 계곡을 마주치게 된다. 지금 껏 탐욕에 좌우되었다면 거대한 붉은색 협곡을 보게 될 것이다. 무지에 좌우되었다면 커다란 회색빛 협곡을 보게 될 것이고, 증오에 좌우되었다면 거대한 검은색 협곡을 보게 될 것이다.

또한 중음도에는 우리가 가게 될 다음 생을 암시하는 네 가지 길이 있다. 어디를 가든 흰색 빛의 길이 있다면 이는 신神이나 반신반인半神半人으로 태어날 것을 암시한다. 그 길이 노란색이라면 내생에 인간 혹은 동물로 태어날 것을 암시하며, 검은색 빛이라면 지옥에 떨어질 것을 암시한다. 붉은색 길은 아귀로 태어날 것을 암시한다.

중음도에서는 지옥에 태어날 사람의 몸은 타 버린 통나무와 같은 색이며, 동물일 경우 연기와 같고, 아귀로 태어날 경우는 물빛이다. 인간 또는 욕계欲界의 신으로 태어날 이의 몸은 황금색, 색계色界에 태어날 신의 몸은 흰색이다.

중음도에서 우리가 움직이는 방향 또한 우리가 가게 될 내생을 암시한다. 지옥에 태어날 사람과 아귀계에 태어날 사람 그리고 동물로 태어날 사람들은 아래쪽으로 곤두박질친다. 최고의 즐거움을 그 특징으로 하는 욕계欲界에 태어날 신과 인간들은 곧장 앞으로 나아가고, 강화된 선정을 특징으로 하는 색계色界에 태어날 신들은 위쪽을 향해 나아가게 된다.

중음도의 상태는 순간과 같이 짧게 끝날 수 있다. 공덕이 특별히 강했을 때, 강력한 대자대비심大慈大悲心을 일으켰거나 정토에 태어나겠다는 강한 서원을 했을 때 또는 다른 이들을 돕기 위해 환생하겠다는 의지가 강력했을 때 그러할 수 있다. 부모를 죽였다거나 하는 엄청난 악업을 쌓았을 경우에도 중음도는 순식간에 끝나고 만다. 이런 경우가 아니라면, 업의 힘에 이끌려 다양한 정도의 암흑과 빛을 경험하면서 다시 태어날 곳을 향해 나아갈 것이다. 만일 7일 안에 다시 태어날 곳을 찾지 못한다면 중음신中陰身은 죽게 된다. 우리가 잠에서 깨어날 때, 꿈속에 존재했던 몸이 마치 거울에 분 입김처럼 사라지듯이 쁘라나와 마음에 의해 형성된 중음신 역시 아래쪽부터 위쪽으로 해체되어 마지막으로 심장에서 끝나게 된다. 이 짧은 죽음 동안에도 우리는 빠르게 죽음의 여덟 단계를 순서대로 밟아 나가게 된다. 그러고 나서 다시 그 여덟 단계를 역순으로 밟은 뒤, 새로운 중음신으로 태어날 것이다. 이러한 중음신의 탄생과 죽음은 최대 일곱 번, 49일 동안 계속될 수 있다. 어떤 이들은 중음도의 하루는 다시 태어날 곳, 즉 천상, 수라, 인간, 축생, 아귀, 지옥 가운데 어느 곳의 존재로 태어나는가에 따라 상대적이어서 어느 곳은 빠르고, 어느 곳은 한없이 길다고 말한다.

다시 시로 돌아가 보자. 이 다양한 현상의 한가운데에서 우리는 평정을 유지하려고 해야 하며, 다음과 같은 세 가지 시각화를 일으키기 위해 힘써야 한다. 첫째, 외부 환경이 훌륭하고 값진 저택으로 보이게끔 시각화하라. 둘째, 지옥, 아귀, 축생, 인간, 수라, 신과 같은 내적인 존재들이 자비와 반야지를 본성으로 하는 천신으로 드러나도록 노력한다. 셋째, 자신의 자각과 생각의 비밀이 공성을 깨닫는 환희의 삼매로 드러나도록 노력한다. 그렇게 되면 죽음의 과정에서 어떠한 징후가 나타나든 수행을 통해 그것들을 반전시킬 수 있다. 그리고 이러한 수행은 좋은 내생으로 나아가리라는 확신으로부터 오는 것이다. 외부와 내부 그리고 비밀을 청정한 것이라고 상상하는 세 가지 요가의 힘을 통해 우리는 깨끗하지 못한 생으로의 환생을 접고, 오염된 업과 고통스러운 감정들이 존재하지 않는 특별하고 숭고한 땅(즉 수행을 계속할 수 있는 곳)에서 다시 태어날 수 있을 것이다.

1. 중음도에서는 경이롭기도 하고 무섭기도 한 현상이 많이 일어난다는 점을 알고, 미리 마음의 준비를 한다. 또한 어떠한 것이 일어나든 자신의 상상에 따라 바뀔 수 있음을 인식한다.

2. 마음의 평정을 유지한다. 자신을 둘러싼 환경이 아름다운 곳에 세워진 훌륭한 대저택과 같다고 상상하라. 또 모든 존재의 본성을 자비와 반야로 인식하며, 자신의 깨달음을 공성을 깨달은 환희심으로 여겨야 한다.

3. 이 모든 것이 더 깊은 영적 자각을 위한 수행이 가능한 곳으로 당신을 환생시킬 것이다.

제10장

좋은 환생을 성취함

어떠한 재산을 가졌든 간에
다른 생을 향해 떠났다면,
마치 사막에서 적에 의해 붙잡힌 사람처럼
그대는 배우자나 자손들 없이,
옷가지나 친구들 없이 홀로일 것이다.
만일 그대가 이름조차 가지고 있지 않을 것이라면
걱정할 것이 뭐가 있겠는가?

———————————————

붓다

• • •

제17연

우리가 세 가지 수행(계정혜戒定慧)을 가진 공행자♦

또는 스님, 재가 수행자로 태어나

생성과 성취의 두 단계의 길에 대한 깨달음을 완성하여

붓다의 삼신三身♦♦을 빠르게 얻을 수 있기를.

중음도에 있는 동안에 다음 생과의 연결 고리를 만드는 것은 애착과 혐오이다. 알에서 부화하는 생명체와 자궁에서 태어나

♦　허공을 걷는 자 또는 허공을 사용하는 자라고 불리며, 딴뜨라 수행자를 일컫는다.
♦♦　법신法身, 보신報身, 화신化身.

는 생명체는 부모가 성교하는 장면을 직접 목격하거나 그 모습을 상상함으로써 동성에 대한 혐오감과 이성에 대한 애착을 갖게 된다. 중음신이 성관계를 가지고 싶어 하는 이성을 막 안으려고 할 때, 갑자기 자기가 싫어하는 성의 성기만이 보이게 되고 이는 그로 하여금 분노를 일으킨다. 이렇게 해서 애착과 혐오는 중음신의 마지막 죽음의 순간에 일어나게 되는 것이다.

그렇지만 중음도의 마지막 순간이 꼭 위와 같은 방식으로 끝나는 것은 아니다. 우리가 공부하는 가르침으로 볼 때, 중음도의 마지막 순간에는 부모가 강한 성적인 욕구를 가지고 함께 누워 있어야 한다. 시험관 수정은 이러한 가르침과 대치된다. 요즘에는 정자를 실험실에서 보관하다가 아무런 성적인 욕망 없이 자궁 속에 투입한다. 이렇듯, 몇몇 가르침과 모순되는 일들이 현실로 일어나고 있다. 그리고 우리는 이 사실을 받아들여야만 한다. 고대 날란다불교대학의 전통을 따르는 사람으로서, 우리는 논리와 연구의 결과를 받아들여야 할 것이다. 이 견지에서 볼 때 우리의 일반적인 설명은 불완전할 수밖에 없다.

불교 경전에도 전생에 결혼한 경험이 있지만 현생에서는 홀로 사는 한 비구와 비구니에 대한 이야기가 나온다. 어느 날, 과거 기억의 영향으로 비구가 전생의 부인을 찾아갔다. 그녀의 몸을 만지는 순간 그의 정액이 그녀의 옷에 떨어졌고, 비구니 또한 전생의 기억의 영향으로 정액의 일부를 자신의 자궁 안에 집어넣었다. 이렇게 해서 어린아이가 태어났다.

여기서 볼 수 있듯이 초기 경전 역시 성적인 욕망에 의해서만 임신이 이루어진다는 이론을 부정하고 있다. 마찬가지로, 석가모니 붓다의 혈통도 '태양의 벗'이라고 불리는 조상으로 거슬러 올라간다. '태양의 벗'이라는 이름은, 나뭇잎에 떨어진 아버지의 정액이 태양의 온기에 강화되어 두 아이들이 태어났기 때문에 붙여진 이름이다.

위에서 살펴본 두 이야기는 동화 속에나 나올 법한 이야기지만, 이제는 과학에 의해 현실로 나타나고 있다. 일반적으로 임신은 특정한 조건하에서 이루어지지만 항상 그렇지만도 않다. 마찬가지로 중음도의 마지막 순간에 반드시 이성에 대한 애착이나 동성에 대한 혐오가 생겨야만 하는 것은 아니다.

중음신은 죽음이 일어나는 동안, 다음과 같은 여덟 단계를 빠르게 지나게 된다.

1. 신기루
2. 연기

3. 반딧불

4. 등잔불

5. 선명한 흰색이 하늘에 가득 찬 것과 같은 마음

6. 선명한 선홍색이 하늘에 가득 찬 것과 같은 마음

7. 선명한 검은색이 하늘에 가득 찬 것과 같은 마음

8. 청명한 빛

임신의 순간에 그 중음신은 나머지 일곱 단계를 역순으로 빠르게 지나간다.

7. 선명한 검은색이 하늘에 가득 찬 것과 같은 마음

6. 선명한 선홍색이 하늘에 가득 찬 것과 같은 마음

5. 선명한 흰색이 하늘에 가득 찬 것과 같은 마음

4. 등잔불

3. 반딧불

2. 연기

1. 신기루

중음신이 어떻게 자궁에 들어가는지에 대한 설명은 가르침마다 약간의 차이가 있다. 몇몇 원전은 중음신이 남성의 입 또는 정수리를 통해 들어가 남성의 몸을 지나 성기를 통해 여성의 자궁에 들어간다고 설명한다. 또 다른 원전은 중음신이 여성의 성기를 통해 직접 자궁에 들어간다고 말한다. 이 순간 많은 공덕을 쌓은 이는 마치 즐거운 집에 들어가며, 즐거운 소리를 듣는 기분을 느끼게 된다. 반대로 악업을 많이 쌓은 이는 불쾌한 소음 속에서 늪이나 어두운 숲 속에 들어가는 것과 같은 기분을 느끼게 된다.

존재의 가장 미세한 쁘라나와 마음은 부모의 난자와 정자에 들어가고, 겨자씨만 한 크기의 태아기에 중앙의 에너지 통로가 생성되며, 왼쪽과 오른쪽의 에너지 통로가 그것을 세 번씩 휘감게 된다. 그러고 나서 위쪽으로 움직이는 쁘라나와 아래쪽을 향하는 하얀색 텅 빔의 쁘라나가 각각의 방향으로 나아가면서 세 개의 에너지 통로는 확장되어 간다. 그렇게 몸이 점차 자라나고, 자궁 밖으로 나오게 되는 것이다.

제1대 빤첸라마의 시에서 설명한 바 있는 영적인 수행을 지속함으로써 우리는 완전한 깨달음으로 이끌어 줄 딴뜨라 수행의 나머지를 마칠 수 있는 특별한 몸으로 환생할 수 있다. 우리는 공행자^{空行者}라고 하는 딴뜨라 수행자가 사는 특별한 곳에 환생할 수도 있다. 아니면 붓다의 가르침과 스승 그리고 수행할 자유가 있는 평범한 곳에 태어날 수도 있다. 이러한 좋은 환생을 성취함으로써, 우리는 정행^{淨行}을 서원하며 계율, 선정, 지혜의 세 가지 수행을 영적인 진보의 뿌리로 성취하게 될 것이다. 또한 이러한 것들을 바탕으로 하여 다음과 같은 무상요가 딴뜨라의 두 단계 깨달음을 완수하도록 노력해야 한다.

- 공성과 죽음의 여덟 가지 징후에 대한 명상과 함께 하는 천신요가
- 중앙의 에너지 통로에서 쁘라나를 빼내고, 의식의 보다 깊은 단계를 구체화하는 명상과 함께 하는 천신요가

이 두 단계를 통할 때, 우리는 비로소 다른 이들을 위해 온전히 봉사할 수 있는 불성을 향해 나아갈 수 있다. 빤첸라마의 시에 있는 마지막 소원은 오직 내생을 향한 것이다. 기억해야 할 점은, 불교 수행의 최고 목표는 다른 이들을 위해 봉사하는 것이며 다른 이들을 위한 봉사를 가장 효과적으로 하기 위해 깨끗한 몸과 마음의 성취가 필요한 것이다. 이 목표가 수많은 방편을 통

하여 더 방대한 중생을 도울 수 있도록 할 것이다.

수행할 때에는 수행의 길을 자신과 동떨어진 것으로 놓아두어서는 안 된다. 자신의 마음이 수행의 길 그 자체가 되도록 해야 한다. 그렇지 않으면 아무리 수행을 하려고 노력해도 그저 피곤하기만 하고 시간이 지난 뒤 화만 불러일으킬 뿐이다. 빤첸라마의 시 〈중음도의 위험한 곤경에서 해방되고자 하는 기원문, 두려움에서 해방된 영웅〉을 입으로만 되뇌지 말고 그 의미를 되새기는 명상을 통해 마음속 깊이 담아 두는 수행을 매일 반복하라. 이것이 나의 마지막 조언이다.

1. 남은 수행을 마칠 수 있는 조건과 몸을 가지고 태어나는 것에 환생의 목표를 맞춘다.

2. 완전한 깨달음을 얻는 목적은 다른 이에게 봉사하기 위함이다.

:   삶과 죽음에 대한
      행복한 관찰

이 책을 처음 마주한 지도 15년이 지났다. 내게 이 책을 처음 소
개해 준 사람은 현재 이스트캐롤라이나대학 종교학과 교수이자
인문대학 부학장인 데렉 마헤다. 제프리 홉킨스 선생님은 안식
년을 맞아 대만에 가 계셨는데, 데렉은 홉킨스 선생님을 대신해
'티베트의 지혜'라는 교양 과목을 2003년 봄 학기에 가르쳤다.
나는 그 강의실에 앉아 불교 철학을 기초부터 다시 배우기 시작
했다. 어느 여름날, 같이 점심을 먹던 데렉이 미소를 지으며 홉
킨스 선생님께 받은 책이 있다면서 책 한 권을 조심스럽게 꺼내

보였다. 바로 지금의 《달라이 라마, 죽음을 말하다》였다. 나는 지체 없이 한국에 있는 진현종 선배에게 연락해 이 책을 우리말로 옮기고 싶다고 했고 다행히 그럴 기회를 얻었다. (이 책은 《달라이 라마 죽음을 이야기하다》라는 제목으로 2004년 국내에 첫 출간되었다.)

이 책의 원제는 《죽음 그리고 보다 나은 삶을 사는 법에 대한 조언Advice on Dying: and Living a Better Life》이다. 이 책이 미국에서 출간되었을 때 출판사에서는 제프리 홉킨스 선생님께 "사람들이 달라이라마의 책을 사고 싶어 하지만, 제목에 있는 '죽음'이라는 단어에서 무서움을 느낀다."라는 의견을 전했다고 한다. 그래서 바뀐 제목이 《청명한 빛의 마음: 보다 잘 사는 것과 의식적인 죽음에 대한 조언Mind of ClearLight: Advice on Living Well and Dying Consciously》이었다. 그러나 후에 두고 보니 《죽음에 대한 조언》이라는 원제가 더 나은 제목인 듯하다.

물론 죽음이라는 주제는 무거운 것이다. 부모님 앞에서 그리고 내가 사랑하는 사람들 앞에서 나이를 먹을수록 입에 담기 무서워지는 말 가운데 하나가 '죽음'이라는 단어인 것 같다. 항상 생각하지만, 달라이라마께서 말씀하시듯 애써 모르는 척 '피하고 싶어지는 단어'다.

나는 미국에서 생활하기에 1년마다 한 번씩, 그것도 네팔이나 티베트, 인도로 공부하러 가는 길에 잠깐 한국에 들러 부모님을 뵈었다. 공항에서 나를 맞으며 활짝 웃으시는 부모님의 모습은 1년 전의 모습과 확연히 달랐다. 어떻게 보면 나 자신의 죽음에 대해서는 곰곰이 생각하고 있으면서도, 당신들이 태어난 이상 반드시 밟아야 하는 그 길이 어떠할 것이고 어떻게 준비하면 좋을지에 대해서는 내 입으로는 차마 말씀드릴 수가 없었다. 이러한 의미에서 《달라이 라마, 죽음을 말하다》는 부모님께 내 입으로 말하지 못한 이야기들을 전하는 책이다.

이 책이 한국에 처음 선보인 지 14년이 지난 지금, 아버지는 구강암으로 돌아가셨다. 돌아가시기 1년 전, 아버지는 우리 가족을 보려고 미국으로 오셨다. 나는 부모님과 함께 블루릿지의 험프백 봉우리에 올랐다. 그리고 산 중턱에 마주앉아 인생에서 처음이자 마지막으로 가슴에 담아 놓았던 이야기를 나누었다. 내가 중학교 때 당했던 괴롭힘과 그로 인한 자살 시도, 임사체험까지도.

나는 중학교 2학년 때 아주 심한 괴롭힘을 당했다. 그 괴로움의 여파로 내가 우울증을 앓고 있었음을 알게 된 것은 2007년 《감정공부》(도서출판 뜰)를 번역하면서였다. 그때까지 여러 차례

자살 시도를 했고 고통을 가장 덜 받으며 죽는 방법을 찾기 위해 애썼다. 그러던 중 1992년 깊은 명상 속에서 죽음의 문턱을 넘은 적이 있다. 형용하기 힘든 엄청난 고통의 과정을 지나자 갑자기 몸과 마음의 경계가 없어지며 온 사방이 하얀 빛으로 가득찬 곳에, 나라고 할 수 없는 내가 있음을 알아차렸다. 한 발짝만 더 나아가면 다음 생으로 갈 수 있다는 것도. 한 걸음 더 나아가려는 그 순간, 겨우 20년 조금 넘었던 내 삶이 문자 그대로 주마등처럼 지나가면서 과거, 현재, 미래라는 시간 개념이 없어지는 경험을 했다. 아직은 죽을 때가 아니라는 생각이 들어 다시 삶으로 돌아왔다. 그 후 인도에 성지순례를 갔다가 에반스 웬츠의 《티베트 사자의 서》를 읽고는 그때 경험한 것이 죽음의 마지막 세 단계 중 첫 번째 단계임을 알고 놀랐던 기억이 있다.

내가 말없이 겪었던 고생을 부모님께 털어놓고 싶어서가 아니었다. 머지않아 돌아가실 아버지에게 죽음의 순간을 준비하고 그에 대한 확고한 믿음을 일으켜 드리기 위해서였다. 아버지가 인생에서는 선배지만 최소한 '선명한 흰색의 단계'까지는 내가 먼저 가 보았으니까…. 그다음 해 학기 말, 나는 마지막 강의를 마치고 서둘러 한국에 입국했다. 그리고 아버지의 임종 직전까지 몇 번에 걸쳐 죽음의 단계를 읽어 드렸다.

책의 편저자이며 나의 지도교수이자 인생의 멘토인 홉킨스 선생님은 서문에서 밝혔듯 죽음의 경험을 두 차례 겪었다. 첫 번째는 다름살라에서 공부를 할 때였는데, 연탄가스 중독으로 혼자 사경을 헤맸다. 그는 '아, 이게 죽음이라는 것인가 보다.'라고 생각하는 동안 주변이 선홍빛으로 가득 찬 광경을 보았다고 했다. 이 상태는 책에서 말하는 죽음의 단계 중 '선명한 선홍색 하늘의 마음' 단계라 할 수 있다.

두 번째는 코네티컷 주에서 형제들과 등산을 하다 물린 진드기 탓에 발병한 라임병 때문이다. 현재 버클리대학에서 강의하는 친구의 말에 따르면 1991년 강의 도중 홉킨스 선생님은 한쪽 눈이 보이지 않는다고 하며 쓰러진 뒤 바로 식물인간이 되었다고 한다.

희한한 것은 그와 선대 네충라마의 인연이다. 홉킨스 선생님이 다름살라에서 선대 네충라마를 만났을 때, 네충라마는 "언젠가 필요할 것이니 반드시 외우라."면서 선생님에게 진언 하나를 가르쳐 주셨고 제프리 선생님은 그 진언을 그때까지 외우고 있었다고 한다. 어느 순간 정신을 차린 제프리 선생님은 몸을 전혀 움직일 수 없다는 사실을 깨닫고는, 의식만 있고 몸과 연결되지 않은 상태에서 불현듯 네충라마가 알려 준 진언을 기억해 냈다.

그리고 아주 오랫동안, 끊임없이 진언을 마음속으로 되뇌었다. 그렇게 죽을힘을 다해 진언을 외우며 손가락 끝부터 움직이려고 애쓴 결과, 식물인간 상태에서 벗어날 수 있었다고 한다. 그 여파 때문인지 홉킨스 선생님은 가끔 몸이 불편하다고 말씀하시곤 한다. 가끔은 병원에 모셔다 드려야 하기도 했다. 내가 버지니아대학에서 박사 논문을 준비할 때, 당시 나는 선생님 댁에서 무지하게 혼나며 사사하고 있었는데 가끔 점심 무렵 우리 둘이 겪었던 죽음의 단계와 전생에 대해 이야기하며 웃던 기억이 난다.

티베트불교의 죽음에 대한 책으로 가장 유명한 것은 아마 《티베트 사자의 서》로 알려진 《중음도에 들어서 해탈하게 해 주는 책(바르도퇴돌bar do thos grol)》일 것이다. 이 책 《달라이 라마, 죽음을 말하다》는 어떻게 보면 《사자의 서》의 요약본이라고도 할 수 있다. 하지만 《사자의 서》보다 간단하면서도 명료하게 죽음의 단계와 그에 따른 실천법을 다루고 있다. 또한 《사자의 서》가 중음도에서 어떠한 현상들이 일어나고 그 혼란한 상황 속에서 어떻게 해야 윤회의 사슬을 끊고 열반에 들 수 있는지를 다룬 책이라고 한다면, 이 책은 죽음의 과정에 더욱 집중하며 자세하게 설명하고 있는 책이라고 할 수 있다.

제1대 판첸라마의 시 〈중음도의 위험한 곤경에서 해방되고자 하는 기원문, 두려움에서 해방된 영웅〉은 달라이라마께서도 설명하시듯 총 17연으로 이루어져 있으며, 귀경게인 1연을 마치고 2~7연까지는 살아 있을 때 공덕을 많이 쌓아 둘 것을 당부하고 있다.

달라이라마께서도 말씀하셨다시피 '가장 좋은 죽음을 맞는 방법'이란 사실 '가장 좋은 삶을 사는 것'이다. 그리고 자신과 타인의 진정한 행복을 보장하는 가장 좋은 삶은 자비심의 실천에서 비롯된다. 자비심은 자신과 타인에 대한 사랑에서 비롯되어 이 삶에서 고통받는 여러 생명들이 윤회를 벗어나기를 바라는 마음인 연민으로 이어진다. 사랑과 연민, 즉 자비로운 삶을 실천하는 것이 공덕을 짓는 길이며, 그 공덕으로 복덕이 쌓일 때, 삶이 윤택해지고 마음에 여유가 생긴다. 그리고 '나'와 '현상'에 진아眞我라고 할 수 있는 것이 없다는 것, 즉 공함을 깨닫는 지혜를 닦으면 비로소 진정한 자비심을 성취한다고 달라이라마는 말씀하신다.

죽음의 순간은 자기가 자기를 가장 극명하게 독대할 수 있는 기회다. 그리고 그 순간이 자신이 어떠한 마음가짐으로 살아왔고, 어떻게 행동해 왔는지를 가장 명확하게 보여 줄 수 있는 순간이다. (나는 그것을 경험으로 알고 있다.) 그러나 확고한 믿음과 수행이 없다면 《지장경》 8품에서 "세존이시여, 이와 같이 염부제의 남자나 여인이 임종할 때에는 정신이 아득해져서 선악을 분간하지도 못하고 눈과 귀로 볼 수도 들을 수도 없습니다…" 라고 말하듯, 정신을 차리게 못하게 된다.

따라서 이 생과 다음 생 사이의 결정적인 순간을 위해 평소부터 마음을 잘 길들이고 복을 많이 지어야 한다. 죽음은 삶의 단절이 아니다. 이번 삶의 끝이지만, 또 다른 삶의 시작이기 때문이다.

8~13연까지는 무상요가 딴뜨라인 〈구햐사마자 딴뜨라 guhyasamājatantra〉 즉, 〈비밀집회 딴뜨라〉를 따라 설명하는 부분이다. 이 부분은 우리나라에서는 생소한 딴뜨라 수행에 기반을 두고 있기 때문에 약간 어려울 수도 있다. 딴뜨라 불교는 6~12세기에 걸쳐 인도에서 발전한 또 다른 불교의 형태이며, 대승大乘에 견주어 금강승金剛乘이라고 한다. 로널드 데이빗슨Ronald Davidson에 따르면, 딴뜨라는 기울어져 가는 인도불교의 후기에 마지막 대안으로 떠오른 불교의 새로운 모습이다. 데이빗슨은 인도불교를 지탱하는 큰 두 지지 세력을 왕권과 원거리 무역 상인들로

보고 있다. 불교를 지지하고 있던 강력한 중앙집권 체제가 이슬람의 침입 이후에 무너지고 중소 국가들이 난립하면서 새로운 이념적 기반이 요구되었고, 이슬람권 상인들이 인도의 원거리 무역상들을 대체하게 되면서 불교는 점차 지지 기반을 잃게 되었다고 한다. 그는 딴뜨라 불교의 입문식이 왕자의 대관식과 그 내용과 절차가 거의 흡사함을 근거로 들어 딴뜨라 불교는 깨달음과 동시에 세속적인 '힘', 즉 초자연적인 힘을 추구했다고 말한다. 이러한 두 가지 목표는 인도의 중세 시대라고 할 수 있는 6~8세기 중소 국가들의 사상적 기반이 되었다.

한편 소승·대승불교가 승려들을 중심으로 한 불교였다면, 딴뜨라 불교는 재가자들이 중심이 된다. 딴뜨라 불교의 수행자인 싣다siddha는 도시 근교에 살면서 공동묘지를 이상적인 수행처로 삼는다. 이는 헤바즈라 딴뜨라의 만달라나 다른 만달라의 가장자리에 있는 시체, 시체를 먹는 들개 등의 그림에서도 볼 수 있다. 중앙집권적 정부와 원거리 무역상의 지원이 점차 줄어들고 이슬람의 침입으로 많은 불교 사원이 쑥대밭이 되던 그 시대에는 불교 역시 방어적인 힘을 요구할 수밖에 없었고, 이에 딴뜨라라는 새로운 수행법을 통해 불교의 명맥을 유지하고 있다고 한다.

비밀집회 딴뜨라guhyasamājatantra는 시륜 딴뜨라, 즉 깔라짜끄라 딴뜨라보다 일찍 발전한 딴뜨라의 형태다. 무상요가 딴뜨라는 인간의 탄생, 죽음, 중음도를 경험하며 짜끄라와 미세한 쁘라나 혹은 에너지 통로를 움직이며, 천신요가에 의한 요가 수행을 포함한다. 달라이라마는 이 무상요가 딴뜨라 수행을 8~13연에 걸쳐 아주 간결하면서도 명료하게 설명하고 있다. 원칙대로라면 딴뜨라는 관정을 받은 수행자들만 가르침을 받고 수행할 수 있다. 홉킨스 선생님에 따르면, 이 딴뜨라의 가르침을 대중 서적으로 출판하는 데 대해 달라이라마께서는 "딴뜨라에 대해 오해를 불러일으키는 것보다 딴뜨라를 제대로 아는 편이 더 낫다."라고 가르치시며 출판을 허락하셨다고 한다.

무상요가 딴뜨라의 특징은 '죽음의 경험'에 있다고 할 수 있다. 수행자는 딴뜨라 수행을 통해 몸의 짜끄라에 있는 매듭을 모두 풀어 위아래에 있는 두 정수액을 심장에서 만나게 하고, 그를 통해 몸을 지수화풍의 순서로 해체하여 점점 더 깊은 공성을 만나게 되고, 마음의 깊은 세 단계를 거쳐 깨달음의 빛인 '청명한 빛의 마음'에 이르게 된다. 달라이라마께서도 설명하시듯 이 '청명한 빛의 마음'은 모든 대상을 밝게 비추어 명료하게 아는 마음이라고 하며 붓다가 머무는 곳이라고 한다. 이 부분을 번역하면서 나는 가장 미세한 쁘라나에 실린 가장 미세한 이 '청명한 빛의 마음'이 중생을 도울 수 있다는 것에 의문을 품었고, 홉킨스 선생님에게 추가 질문을 드렸다.

홉킨스 선생님에 따르면, 붓다는 '청명한 빛의 마음'에 머무시면서도 자비심에 근거해 죽음의 과정을 거슬러 올라 화신(化身)으로 세상에 다시 나타나 중생을 돕는다고 한다. 이러한 면에서 '청명한 빛의 마음'은 추상적이고 피상적인 것이 아니라, 구체적이고 결과를 일으킬 수 있는 것이라 할 수 있다.

나는 다시 "모든 사람이 (급사하는 경우를 제외하고) 이러한 동일한 과정을 거친다면 붓다, 수행자, 평범하게 죽는 사람에게 무엇이 다른지 물어보았다.

홉킨스 선생님은 "모든 사람은 보이는 현상은 달라도 비슷한 죽음의 단계를 거친다고 할 수 있다. 그렇기에 모든 사람은 깨달을 가능성을 가지고 있다. 그러나 그 단계에서 자비와 공성에 대한 깨달음을 수반하는가, 수반하지 않는가에 따라 결과는 확연히 다르다."라고 말씀하셨다. 수행을 하지 않은 이들, 최소한 이러한 단계를 알고 있지 않은 사람들은 이 단계들을 거치고 '청명한 빛의 마음'을 알더라도 그것이 깨달음의 기회인지 알 수 없다고 했다.

인간뿐 아니라 모든 중생은 죽음의 단계를 거친다는 면에서도 모두 깨달을 수 있는 가능성을 가지고 있다. 달라이라마께서 말씀하시듯 자비와 지혜를 모른다면 이러한 단계들은 외롭고 무섭고 견딜 수 없는 것이지만, 이 단계를 잘 알고 의식적으로 죽음의 과정을 면밀히 관찰하는 사람들에게는 깨달을 수 있는 마지막 단 한 번의 기회이기에 모든 경험과 지혜를 통해 집중해야 하는 결정적인 순간이다.

앞서 말했듯 딴뜨라는 불교만의 고유한 것이 아니라, 그 당시의 흐름이라고 할 수 있다. 쉬바를 중심으로 하는 샤이비즘, 비슈누를 중심으로 하는 바이쉬나비즘 역시 샹키야 철학에 기반한 딴뜨라 수행법을 택하고 있으며, 불교의 딴뜨라 수행법과 순서상 그다지 다를 바가 없다. 또한 딴뜨라 수행법을 쓴 서적 등에서도 자비와 공성을 깨달은 지혜에 대한 언급은 찾아볼 수 없다. 그러나 딴뜨라 수행은 기존의 불교 수행을 기반으로 하고 있기 때문에, 까말라쉴라가 《수행의 단계》에서 이야기하듯이 자비가 수행의 시작과 중간 그리고 마지막에서도 모두 중요한 위치를 차지하는 것처럼 불교의 딴뜨라 수행 역시 깊은 자비심에 기반한 것이다.

수행에 미쳐 있던 20대 시절, 나의 목표는 깨달음을 얻는 것이었다. 그러나 세월이 지나며 여러 불교 논서와 경전 그리고 딴뜨라 논서를 읽으면서 점점 확연하게 느끼는 바는 불교 수행의 요체는 '자비'라는 것이다. 즉, 자비를 실천해 복덕을 쌓지 않으면서 구들장만 붙잡고 앉아 깨달음을 얻겠다고 덤비는 것은 사실상 소승과 다름없다고 할 수 있다. 현실에서, 사회에서 다른 이들과 다른 생명의 괴로움을 철저히 외면하거나 그들을 핍박하며 깔보는 것은 삼법인의 일체개고에 대한 매우 피상적인 이해를 불러올 뿐, 일체개고에 대한 사무치는 깊은 이해가 부족하기 때문에 진정한 수행자라고 할 수 없다. 그런 사람들은 복덕을 쌓고 이번 삶의 행복을 간절히 바라는 이들의 마음을 이해하지도 못하고 이해하려 하지도 않으며, 자기만 단박에 깨달으면 된다고 생각하는 거짓 수행자들이다. 그들은 마음속에 욕심을 꾹꾹 눌러 담으면서 남들에게는 마음을 비우라고, 더불어 이번 생의 행복까지 비우라고 닦달하며 마치 그것이 수행의 정석인 양 거짓말하는, 지혜도 자비심도 없는 사이비 수행자에 지나지 않는다. 이런 가련한 수행자들을 나는 대단히 많이 보아 왔다.

　　논서에 자비에 대한 이야기가 단 한 줄만 나온다 하더라도 자비의 중요성은 아무리 강조해도 모자람이 없다. 홉킨스 선생님은 딴뜨라 수행에서의 모든 유혹과 어려움은 자비와 지혜라는 두 가지를 통해 극복할 수 있으며, 특히 자비가 수행의 원동력이라고 했다. 자비 없이 공성을 깨닫는 지혜만을 가지고 있다면 그는 소승에 불과할 것이다. 공성에 대한 깨달음은 자비심을 최대한 발휘하기 위한 것이라고 할 수 있다. 이러한 면에서 대승과 금강승 수행은 사회를 이루고 살아가는 우리에게 필요한 수행법이다.

티베트에서는 임종 시, 머리맡에서 귓속말로 《사자의 서》를 읽어 주며 죽은 자가 중음도를 벗어나 깨달음으로 향할 여러 방법을 안내한다. 이 책 《달라이 라마, 죽음을 말하다》는 열일곱 연의 짧은 시이다. 시와 함께 각 연에 있는 달라이라마의 조언을 매일 읽고 가까운 이들에게 읽어 준다면 자신의 삶을 보다 행복하게 관찰하고 자신과 타인의 죽음이라는 최악의 곤궁처럼 보이는 상황을 깨달음을 이룰 기회로 바꾸어, 삶과 죽음을 모두 즐겁게 바라보게 해 줄 것이다.

* * *

　삶을 다 바쳐 나를 키워 주신 부모님—돌아가신 아버지와 한
국에서 열심히 지장기도를 하고 계시는 어머니—에게 감사드
리고 싶다. 때로는 태어난 것에 원망도 하고 힘든 삶에 투정도
부렸지만, 이제는 이렇게 아름다운 세상을 볼 수 있게 해 주셔서
감사한 마음뿐이다. 아내 아사미와 대희, 수희, 제희에게도 고마
움을 전하고 싶다. 이들이 없었다면 여러 가지 의미로 내 삶이
얼마나 건조했을지 상상조차 할 수 없다.

　내가 늘 이루고 싶은 바는 이론을 생활 속에서 실천하는 일이
다. 이러한 고민에 언제나 방향을 제시해 주는 친형과도 같은 한
양대학교 의과대학 의료인문학교실의 유상호 교수 그리고 늘
따뜻하게 보듬어 주시는 동국대학교 경주캠퍼스의 김성철 교수
님께도 감사를 전하고 싶다. 끝으로 1993년부터 지금까지 음양
으로 나를 지켜보시며 인도해 주시는 은사 스님인 안심정사의
법안 스님께 감사드리고 싶다.

　2001년 겨울, 버지니아대학 입학 허가서를 받들고 나서 나는
지나치게 높은 등록금에 좌절하며 지난 수행을 돌아보았다. 그
때까지 나는 지혜만 구하며 복덕은 기복이라며 천시했었다. 그

때 법안 스님께 "지금까지 지혜만 닦고 복은 무시했는데, 지금 이 순간에 보니 부처님이 왜 지혜와 복덕을 모두 완성하신 양족존이라고 하는지 알 것 같습니다. 앞으로는 복덕을 닦도록 노력하겠습니다."라고 말했고 그 뒤로 지금까지도 법안 스님과 달라이라마의 가르침에 따라 자비를 행하고 복덕을 쌓고 구하려고 노력하고 있다. 이 모든 공덕을 통해 나와 남의 삶을 윤택하게 하는 데 조금이나마 힘이 될 수 있기를 기원한다.

2018년 겨울에

신증信敎 씀

● ● ●

각 연의
핵심

제1연: 귀의, 중생을 깨닫게 하기 위해 보리심을 성취하겠다는 굳건한 서원을 통해 현생과 중음과 내생을 거치는 죽음의 과정에서 공포를 극복할 수 있기를 기원함.

과거, 현재, 미래의 붓다와 법 그리고 승가 모두에
나를 비롯해 허공에 길쳐 있는 중생 모두 남김없이
최고의 깨달음을 얻을 때까지 귀의합니다.
현재의 삶과 중음도, 내생의 공포로부터
벗어날 수 있기를 기원합니다.

- 수행 동기는 모든 살아 있는 중생의 이익을 위한 것이어야 한다. 요컨대 중생이 깨달음의 성취를 이루고 고통에서 벗어나도록 돕기 위한 것이어야 한다. 마음가짐을 가능한 한 다른 이들을 돕는 쪽으로 맞춘다.
- 붓다들은 영적인 길을 가르치신 스승이다. 그렇다고 해서 선물 주듯 깨달음을 주지는 않는다. 스스로 계율과 선정과 지혜를 매일 수행할 때 그것은 가능하다.

제2연: 인간의 삶과 불법을 만나기 어려움을 절실히 깨달아 인간 삶의 정수에 대한 이해를 굳건히 붙들어 어리석은 일에 산란치 않기를 기원함.

얻기는 힘들고 잃기는 쉬운 이 좋은 기반은

이익과 손실, 안락과 고통 가운데 선택할 기회를 주기에

우리가 이 삶의 의미 있는 정수를

이 삶 속의 어리석은 일들에 의해 산란되지 않고

삶을 지탱할 수 있기를.

- 자신이 지닌 인간의 몸이 얼마나 고귀한 존재인지 깨달으라. 인간의 몸은 과거 오랜 기간에 걸쳐 행한 선한 행위의 결과다. 가르침을 들을 수 있고 그것을 실천할 수 있는 몸이 있음에 감사해야 한다.

- 소중한 인간의 삶은 매우 강력한 이익이 될 수도 있고, 강력한 해악을 끼칠 수도 있다. 또한 인간의 삶은 그 자체로 매우 연약하여 부서지기 쉽다. 그러니 지금 이 기회를 잘 사용해야 한다.

- 육체적인 행복은 몸을 구성하는 요소들이 우연히 균형을 맞춘 것뿐, 진정한 조화를 이루고 있는 것은 아니다. 이 일시적인 조화가 무엇을 위한 것인지 잘 이해한다.

- 들여진 마음은 자신을 평화롭고 여유롭고 행복하게 만든다. 마음이 평화롭지 못하고 길들여져 있지 않다면 아무리 외적인 조건들이 훌륭해도 두려움과 걱정에 시달릴 뿐이다. 자신의 행복과 복지는 평화롭고 길들여진 마음에 그 뿌리를 두고 있다는 사실을 깨닫는다. 이는 주변 사람을 위해서도 커다란 이익이 될 것이다.

제3연: 죽음은 당연하지만 죽음이 먼저 올지 내일이 먼저 올지 정해져 있지 않음을 여실히 알아, 수행과 공덕을 통해 죽음을 준비할 시간이 지금뿐임을 깨닫기를 기원함.

죽음은 반드시 오지만 죽음의 시간은 정해져 있지 않으니,
모인 것은 흩어지기 마련이고 모아 둔 것은 남김없이 소모되며
일어난 것이 가라앉으리니, 태어남의 마지막은 죽음이 되리라.
우리가 낭비할 시간이 없다는 것을 깨닫기를.

- 언제든 죽음을 맞이할 수 있다는 생각을 키워 나간다면 삶을 보다 유용하게 보낼 수 있다.
- 수행할 시간을 미루지 말고 지금의 상태가 영원하리라는 환상에 젖지 않도록 한다.
- 아무리 훌륭한 환경에 있다 하더라도 본질적으로 그러한 것들은 반드시 끝이 있기 마련이다.
- '다음'이라는 시간이 있을 것이라고 생각하지 않는다.
- 자신의 죽음과 대면함에 있어 솔직해야 한다. 또한 다른 이들이

죽음을 솔직하게 대면할 수 있게 돕는다. 죽음의 순간이 머지않은 사람을 대할 때 자신과 그들을 속이는 말을 삼간다. 정직만이 용기와 기쁨을 북돋울 수 있다.

제4연: 근본무명에 의해 일어난 주체와 객체라는 이분법적 사고에 의해 일어난 이 몸이 다시 사대 요소로 분해될 때, 공덕의 힘으로 고통을 덜 수 있기를 기원함.

주체와 객체라는 잘못된 사고의 이 도시에서
네 가지 더러운 요소로 이루어진 환각의 몸과
의식이 분리되는 죽음의 때에
우리가 다양한 원인에서 비롯된 죽음의 고통에서
벗어날 수 있기를.

• 바로 지금 수행해야 한다. 그래야 죽음의 순간에 이르렀을 때 그때까지 닦아 놓은 공덕의 힘이 마음가짐에 좋은 영향을 줄 것이다.

- 몸은 오해들로 구성된 도시다. 몸을 닦으면 그것은 아주 깨끗한 것처럼 보인다. 또한 축복의 원천이며 영원한 것이라 여겨진다. 자신의 통제하에 있는 듯 보이기도 한다. 사실은 그렇지 않다. 몸은 지수화풍의 네 요소로 이루어진 것이며, 고통에 종속되어 있고, 자기 마음대로 시시각각 변화한다.

- 사람이나 사물은 모두 그들 자신의 힘으로 존재하는 것처럼 보인다. 이러한 무지는 잘못된 외양을 참이라고 받아들이게 하여 탐욕, 증오, 어리석음이라는 고통스러운 감정을 불러일으킨다. 또한 고통스러운 감정들은 다시 몸과 말, 생각을 오염시키며 윤회의 시간을 영속시킨다. 자신이 오해의 도시에 살고 있다는 사실을 명심하라.

제5연: 지금 애지중지하는 몸은 죽음의 순간에 기대를 배신한다는 것을 분명히 알고, 삼독에 휘감겨 덕스럽지 못한 몸에 기대지 않으며 공덕을 닦을 수 있기를 기원함.

애지중지하는 이 몸으로부터 배신당할 때,

무서운 적, 죽음의 신이 나타날 때,

탐욕, 증오, 어리석음, 이 삼독이란 무기로

내 목숨을 스스로 끊을 때,

우리가 덕스럽지 못한 것의 잘못된 외양에서 벗어나기를.

- 당신이 어떻게 해서라도 유지시키려는 그 몸뚱이가 언젠가 당신을 내팽개칠 것이라는 점을 명심한다.
- 자신이 세상을 떠나고 있는 상황에 대해 욕망을 일으키지 않는다.
- 자신이 세상을 떠난다고 해서 증오를 일으켜서는 안 된다.
- 가능한 한 탐욕, 증오 그리고 무지를 멀리하여 죽음의 때에 덕스러운 수행을 지속한다.
- 알약이나 약물로 만들 수 있는 소위 '평화로운 죽음'이 공덕을 현현할 결정적 기회를 앗아갈 수도 있다.

제6연: 다음 삶까지 재산, 친구 등 우리가 가져갈 수 있는 물질적인 것은 없다는 점을 명확히 알고 공덕을 쌓아 죽음의 순간에 스승의 가르침에 집중할 수 있기를 기원함.

의사가 포기하고, 종교 의식들이 효과가 없을 때,
친구들이 우리의 생명에 대한 희망을 버릴 때,
내가 가진 모든 것이 쓸모가 없을 때,
라마의 가르침을 기억할 수 있기를.

• 지금의 삶을 계속 유지할 수 없다는 사실을 깨닫는다. 일정한 때에 다다르면 의사, 사제, 친구, 친지 그 누구도 이 삶을 지속하도록 도와줄 수 없다. 무엇이 도움이 될지는 스스로에게 달렸다.

• 죽음이 진행되는 동안, 자신의 수준에 맞는 수행을 상기하고 실천한다.

• 하고 있는 수행에 익숙해지도록 하라. 어떠한 상황이 닥치고, 그것이 아무리 힘들더라도 영적인 방향을 놓치지 않도록 단단히 붙잡는다. 공덕을 쌓는 일들을 행하면 그 축적된 힘이 현재의 삶

은 물론이요, 다음의 삶 모두에 좋은 영향을 줄 것이다. 자기애에서 일어나는 고통을 깨닫고, 다른 이들을 사랑하는 법을 배우라. 현재 삶에서뿐 아니라 다음에 올 삶에서도 영적인 수행을 계속하고자 하는 소망을 자주 일으킨다.

- 다른 이들이 죽을 때, 그가 더욱더 이 삶에 집착하게 만들거나 증오와 분노로 흥분하지 않게 한다. 그들의 내생으로의 출발을 슬퍼하거나 손을 잡거나 울지 않는다. 더 깊은 수행에 대해 상기하도록 하여, 의미 있는 여행이 되게끔 도우라.

- 죽음의 순간, 당신에게도 위와 같은 일을 상기시켜 줄 사람이 필요하다. 가까운 이에게 미리 부탁하여 자신이 현현코자 하는 특별한 마음가짐을 상기한다.

제7연: 죽음의 과정이 단박에 깨달을 수 있는 절호의 기회임을 확신하고 기뻐할 수 있기를 기원함.

불행과 함께 쌓인 음식과 재산이 죽음 뒤로 남겨질 때,

친구들에 대한 애정과 욕망으로부터 영원히 분리될 때,

두려운 곳으로 홀로 가야 할 때,

우리에게 환희와 기쁨에 대한 확신이 함께하기를.

- 죽는다는 사실에 대해 너무 침울해하지 않는다. 자비로운 마음
  에 근거해 자기가 가장 존경하는 종교에 귀의하라. 영적인 수행
  의 필요성과 영적인 수행을 할 여유를 준 현재 삶의 본질을 유념
  하라. 그리고 무상에 대해 성찰하고 또 성찰하라.
- 죽음의 과정 동안 수행을 효과적으로 기억할 수 있는 기반을 닦
  아 놓았다면, 혹여 무서운 일이나 모습이 나타난다 하더라도 오
  직 고요하게 만들 것이며 환희와 확신 속에서 명상할 수 있도록
  도움을 줄 것이다.

제8연: 중생을 윤회에서 해방시키기 위해 깨달음을 얻겠다는 강력한
자비의 보리심 수행과 지금까지 닦은 공덕의 힘을 통해, 죽음의 단계
의 외적 징표들이 일어날 때 큰 장애가 없기를 기원함.

흙, 물, 불, 공기에 의해 이루어진 몸이 점점 무너져 내릴 때,
몸의 기운이 쇠퇴하고 입과 코가 마르고 주름 잡힐 때,
온기가 점차 사라지고 숨이 가빠지고 시끄러운 소음이 들릴 때,
우리가 공덕의 강한 마음을 일으킬 수 있기를.

- 네 가지 요소가 해체되어 가는 과정과 그에 수반하는 외적인 표
  식들에 대해서 배웠고, 이제 내적인 표식들에 대해서도 배울 것
  이다. 그러므로 지금 당장 죽음의 과정이 시작된다 해도 놀랄 필
  요가 없다.
- 죽음의 시간이 가까울수록 신중해야 한다. 그리하면 좋은 성향
  들이 자라나서 덕이 있는 태도로 작용할 것이다.
- 죽음을 예고하는 징표는 죽기 1~2년 전에 나타날 수 있다. 이러
  한 전조는 죽음을 준비할 필요가 있음을 예고하지만, 전조가 나
  타나기 전부터 수행하는 편이 좋다.

제9연: 거친 몸의 죽음의 내적 징표들이 일어날 때 두려움 없이 진리를 지각하는 데 멈춤이 없기를 기원함.

두렵고 끔찍한 여러 모습들이,
특히 신기루, 연기, 반딧불이 나타날 때에,
여든 가지 자성에 의한 생각들이 사라져 갈 때,
존재의 불멸의 상태를 우리가 깨달을 수 있기를.

• 죽음의 순간, 우리는 그동안 쌓아 온 업의 힘에 의해서 수많은 모습을 보게 될 것이다. 때로는 두렵고 끔찍한 모습도 나타날 수 있다. 그러나 그러한 모습들에 현혹되어 마음이 산란해져서는 안 된다.

• 죽음의 과정에서 나타나는 여덟 가지 양상 중, 처음 세 가지를 기억한다. 사막의 신기루, 굴뚝에서 뿜어져 나오는 연기나 방 안을 맴도는 가느다란 연기, 반딧불 또는 숯검정에 붙은 작은 불꽃.

제10연: 거친 몸의 죽음의 과정을 지날 때 내적인 네 가지 단계에 주의 집중을 유지함으로써 보다 나은 내생과 깨달음을 기원함.

바람의 요소들이 의식으로 해체되기 시작할 때,
날숨이 멈추고 거친 이분법적 사고가 해체될 때,
밝게 빛나는 버터 램프 같은 모습이 보일 때,
우리가 강한 정신 집중과 내관을 일으킬 수 있기를.

- 마음과 물질이 서로 다른 근본적인 원인일지라도, 그 둘은 다양한 방법으로 영향을 주고받는다.
- 신기루, 연기 그리고 반딧불과 같은 내적인 전조 이후에 촛불처럼 보이는 네 번째 내적인 전조가 나타난다. 처음에는 바람에 흔들리듯 깜박거리지만 곧 안정을 찾는다.
- 이 시점에 코를 통해 나가던 날숨이 멈추고 외부의 자극에 대한 어떠한 의식적 반응도 없지만 아직 죽은 것은 아니다. 몸이 완전한 죽음에 이르기 전까지 방해해서는 안 된다.
- 내적인 과정을 인식하게끔 도울 수 있는 내관과 정신 집중을 유

지하면, 좋은 환생에 대한 강력한 깨달음과 영향을 촉진시킬 수 있다.

제11연: 미세한 몸의 죽음의 세 단계를 거치며 미세한 의식의 장애를 벗어나 자비로운 보리심의 서원을 기억함으로써, 공성에 대한 깨달음에 다다를 수 있기를 기원함.

모습, 증가, 근성취의 세 가지가 이전에서 이후로 해체될 때,
햇빛과 달빛 그리고 암흑이 가득 찬 것 같은 경험이 나타날 때,
윤회와 열반이 공함을 깨닫는 요가에 의해
자신의 본성을 우리 스스로가 알 수 있기를.

- 수많은 마음가짐과 개념이 각각의 대상에 대한 쁘라나의 움직임 속에서 각기 다른 힘을 가지고 있음을 알아야 한다.
- 네 가지 내적인 징표가 지나간 후 세 가지 미세한 마음, 즉 선명한 흰색 모습, 선홍색 '모습의 증가' 그리고 검은색 성취로의 근

접이 떠오른다.

- 더욱 미세한 마음들을 공성의 진리를 깨닫는 데 활용한다.

- 공성은 존재의 무를 의미하지 않는다. 이는 존재와 사물의 자성의 결여를 뜻한다.

- 현상을 분석하는 방법을 익혀야 한다. 현상이 그들을 구성하고 있는 각각의 부분인지 또는 그 부분의 합인지, 아니면 완전히 다른 어떤 것인지에 초점을 맞춘다. 이는 현상이 분명히 존재하는 것처럼 보이지만 사실 그렇지 않음을 보여 줄 것이다.

- 모든 원인과 결과, 행위자와 행위, 선과 악은 단지 세속적으로만 존재할 뿐이며 그들은 연기하는 존재이다.

- 현상의 독립성의 부재 또는 자성의 공함이 현상의 궁극적인 진리이다. 이것이 반야지를 이해하고 있는 것이며, 현상의 원인이 되는 탐욕과 증오 그리고 고통 너머에 숨어 있는 무지를 무너뜨리는 것이다.

- 이러한 수행을 통해 우리 자신의 궁극적인 본성과 현상의 궁극적인 본성을 깨달아야 한다.

제12연: 비밀의 몸의 해체의 단계에서 '모자 청명한 빛의 만남'이 일어나 깨달을 수 있기를 기원함.

근성취가 일체공으로 해체되고
모든 개념적 증가가 완전히 사라지고
염오의 조건들로부터 자유로운
가을 하늘과 같은 경험이 일어날 때,
청명한 빛의 모자가 만날 수 있기를.

- 청명한 빛의 근본적이고 내재되어 있는 마음이 여명을 밝힐 때, 죽음의 과정의 마지막 단계가 일어난다. 이 '청명한 빛의 마음' 은 그 시작을 알 수 없는 시간부터 존재해 왔고, 영원히 존재할 것이다.
- 결과적으로, 당신은 불성에서 의식의 거친 단계로 역행하지 않고 청명한 빛의 본래적인 마음에 남아 있을 수 있게 된다. '청명한 빛의 마음'에 머물게 될 때, 더 이상 업을 쌓지 않게 될 것이다.
- 수행하지 않은 보통 사람에게도 거친 형상들이 점차 사라질 수

있다. 그렇지만 높은 수행의 단계를 성취한 수행자는 공성에 대한 명상을 통해 얻어지는 익숙함의 힘을 통해, 그 마음을 자성공이라는 진리를 깨닫는 데 사용할 수 있도록 노력한다.

• 죽음의 마지막 단계에서 일어나는 '청명한 빛의 마음'은 '모의 청명한 빛'이라고 불리며, 수행을 통해 얻어진 힘을 통해 일어나는 청명한 빛은 '자의 청명한 빛'이라고 한다.

• 업의 힘에 의해서 일어나는 '모의 청명한 빛'이 공성을 아는 영적인 인식, 즉 '자의 청명한 빛'으로 전환되는 과정을 '모자 청명한 빛의 만남'이라고 부른다.

제13연: 죽음의 단계에 대한 지속적인 명상을 통해 본래적 환희와 공성의 합일인 반야지의 삼매에 머물 수 있기를 기원함.

번갯불과 같은 강력한 여인에 의해
달처럼 흰 물질들이 녹는 네 가지 공성의 시간 동안,
본래적인 환희와 공성이 합해진 반야지에서

우리들이 삼매의 깊은 명상에 머무를 수 있기를.

1. 최고의 경지에 이른 수행자는 죽음의 때에 이르러 업에 의해 나타나는 '모의 청명한 빛'을 영적인 수행의 의식으로 변화시킬 수 있다.

2. 무상요가 딴뜨라의 천신요가를 수행하는 낮은 단계의 수행자들은 세 단계로 이루어진 마음집중 안에서 죽음의 여덟 가지 징표를 시각화해야 한다. 즉 어떤 징표가 나타났다 사라지고, 다음 징표들이 나타나는 장면을 시각화한다. 이를 통해 공성에 대한 명상과 연속적으로 일어나는 여덟 가지 징표를 합일시키는 수행을 행한다. 두 부분으로 이루어진 처음과 마지막을 제외하면 이들은 모두 세 부분으로 이루어져 있다.

- 신기루가 나타나고 있다. 연기가 이제 막 나타나려 한다.
- 연기가 나타나고 있다. 신기루는 이제 막 지나갔다. 반딧불이 이제 드러나려 한다.
- 반딧불이 나타나고 있다. 신기루는 이제 사라졌다. 불꽃이 이제 드러난다.
- 불꽃이 나타나고 있다. 반딧불은 방금 사라졌다. 이제 선명한 흰색 모습이 드러날 것이다.

- 마음의 선명한 흰색 모습이 드러나고 있다. 불꽃은 바로 조금 전에 사라졌다. 선명한 선홍색 증가가 나타나려고 한다.
- 선명한 선홍색 모습이 점점 커지고 있다. 선명한 흰색 모습은 방금 지나갔다. 선명한 검은색이 이제 막 드러나려 한다.
- 마음의 선명한 검은색이 나타나고 있다. 선명한 선홍색의 증가는 방금 사라졌다. '청명한 빛의 마음'이 나타나려 한다.
- '청명한 빛의 마음'이 나타나고 있다. 선명한 검은색은 방금 지나갔다.

3. 무상요가 딴뜨라의 특정한 수행 방법에서는, 수행자의 공성에 대한 이해도가 어떠하든 그 공성에 대한 이해를 점진적으로 펼쳐지는 여덟 가지 징표와 결합시킨다. 그리하여 '청명한 빛의 마음'을 이상적이며 자비로운 모습의 천신으로부터 나온 기초로 이용하여 공성을 깨닫는 데(혹은 공성을 깨달은 상태의 의식을 만드는 데) 사용한다.

4. 자비와 반야지의 마음을 굳건히 지닌 숙련된 수행자는 성교를 통해 청명한 빛을 가진 근본적이고 본래적인 마음을 현현시키고 마음을 강하게 집중하는 기술로 사용한다. 그들은 가장 깊은 곳에 있는 마음을 이용하여 아주 강력한 방법으로 자성공에 대한 깨달음을 얻는다.

제14연: 중음도의 상태에 들어가 자비로운 보리심을 통해 환희신의 몸을 일으킬 수 있기를 기원함.

우리가 중음도의 상태에서
환각의 삼매를 성취하여 청명한 빛을 떠나
오직 쁘라나와 죽음의 청명한 빛의 마음에서만 생겨난
붓다의 상과 아름다움의 영광이 불타는 듯한
환희신의 몸으로 일어날 수 있기를.

- 높은 단계의 수행자들은 죽음의 청명한 빛과 그 빛을 실은 쁘라나를, 순수한 마음과 몸의 주요 원인으로 삼을 수 있다.
- 쁘라나에서 만들어진 순수한 몸을 '청명한 빛의 마음' 안에서 일으킬 원동력은, 스스로를 이타적인 몸과 마음을 가진 존재로 상상하는 수행뿐이다. 결국 상상과 모방을 통한 수행이 실제적인 성취를 이끌어 낸다.
- 가장 미세한 마음에서 거친 수준의 마음으로 퇴보하지 않는 것은 환각의 몸으로 변신하는 데 있어 필수적이다. 이는 우리를 불

멸의 상태로 이끈다.

제15연: 중음도에 이르렀을 때, 중음도 역시 자성이 없다는 것을 깨달아 중음의 몸 역시 환각에 지나지 않음을 깨닫기를 기원함.

만일 업에 의하여 중음도에 이르게 된다면
단박에 분석에 의해 삶과 죽음, 중음도의
고통의 자성의 부재를 깨달아
혼동된 존재가 정화되기를.

- 스스로 중음도에 있다는 징후를 인식하는 것이 중요하다.
- 유쾌하고 불쾌한 모든 현상을 바라보면서, 그것들을 자신의 선업과 악업의 결과로 경험해야 한다.
- 자신이 처해 있는 그곳에서 환각의 몸으로 일어나 있다고 상상하라. 그리고 드러나는 모든 존재의 모습을 자비와 반야지에서 나오는 가장 이상적인 모습이라 인식하고, 자신을 둘러싼 환경

을 훌륭한 대저택이라고 상상하라.

- 추한 것들에 대한 혐오와 아름다운 것들에 대한 집착을 자제한다.
- 다양한 현상들과 죽음, 중음도 그리고 환생의 고통은 본래 자성
  이 없다는 점을 깨닫는다. 이들은 자신의 힘, 즉 자성으로 존재하
  는 것이 아니다.

**제16연: 근본무명에 의해 전도된 현상에 따라 일어나는 두려운 현상
들을 벗어나 외부, 내부, 비밀의 몸을 변화시키는 수행을 통해 정토에
태어날 수 있기를 기원함.**

전도된 현상들의 네 가지 소리와 세 가지 두려움과
불확실한 모습들의 다양한 현상들이 떠오를 때,
외적, 내적 그리고 비밀의 몸을 변화시키는 수행을 통해
정토에 태어날 수 있기를.

- 중음도에서는 경이롭기도 하고 무섭기도 한 현상이 많이 일어난

다는 점을 알고, 미리 마음의 준비를 한다. 또한 어떠한 것이 일어나든 자신의 상상에 따라 바뀔 수 있음을 인식한다.

- 마음의 평정을 유지한다. 자신을 둘러싼 환경이 아름다운 곳에 세워진 훌륭한 대저택과 같다고 상상하라. 또 모든 존재의 본성을 자비와 반야로 인식하며, 자신의 깨달음을 공성을 깨달은 환희심으로 여겨야 한다.

- 이 모든 것이 더 깊은 영적 자각을 위한 수행이 가능한 곳으로 당신을 환생시킬 것이다.

제17연: 수행을 지속할 수 있는 몸으로 다시 태어나 정진하여 붓다의 삼신을 속히 성취할 수 있기를 기원함.

우리가 세 가지 수행을 가진 공행자
또는 스님, 재가 수행자로 태어나
생성과 성취의 두 단계의 길에 대한 깨달음을 완성하여
붓다의 삼신을 빠르게 얻을 수 있기를.

- 남은 수행을 마칠 수 있는 조건과 몸을 가지고 태어나는 것에 환생의 목표를 맞춘다.

- 완전한 깨달음을 얻는 목적은 다른 이에게 봉사하기 위함이다.

달라이 라마, 죽음을 말하다
ADVICE ON DYING : AND LIVING A BETTER LIFE

초판 1쇄 발행 2019년 4월 2일
초판 4쇄 발행 2024년 10월 16일

가르침 달라이라마
편역자 제프리 홉킨스
옮긴이 이종복

펴낸이 오세룡
편집 여수령 정연주 손미숙 박성화 윤예지
기획 곽은영 최윤정
디자인 [★]규
        고혜정 김효선 최지혜
홍보 · 마케팅 정성진

펴낸곳 담앤북스
주소 서울특별시 종로구 새문안로3길 23 경희궁의 아침 4단지 805호
전화 02)765-1250(편집부) 02-765-1251(영업부)
전송 02)764-1251
전자우편 dhamenbooks@naver.com

출판등록 제300-2011-115호

ISBN 979-11-6201-133-1 (03220)
정가 16,000원